女人禁制

鈴木正崇

講談社学術文庫

学術文庫版の刊行に際して

女人禁制は論じにくい主題である。フェミニストの立場であれば、否定することが前提であり、維持する側の論理は当初からほとんど考慮されない。女性の権利を最優先する立場からは、女人禁制を批判する書籍が数多く刊行されているが、中立的に論じられることはきわめて少なかった。そうした中で二〇〇二年に刊行された本書の原本は、前近代と近代の断絶を踏まえて、歴史的な経緯と文脈を重視する立場から、女人禁制や女人結界《にょにんけっかい》を総合的かつ中立的に把握しようとしたものであった。

本書執筆の目的はただ一つ、女人禁制や女人結界に関しての誤解を解くという実践的な試みである。暗黙の前提を覆し、賛成か反対か、伝統か差別かという二分法を乗り越えることを目指した。本書の大筋は文化人類学の立場から書かれてはいるが、宗教学、民俗学、歴史学、国文学、社会学など様々の分野の成果を取り込んでいる。一定の学問の領域にとらわれていないことが特長であると言えるだろう。知識の一元化こそが最大の敵である。唯一絶対の基準を押しつけるのではなく、多様性を許容して、人間の理解の幅を広げることを重視したのである。

原本の刊行以来二十年の歳月がたったが、類書は現れなかった。そしてこの間も、各地に残る女人禁制の場所や、祭への女性参加を制限する慣行に対して、「女性差別だ」「人権侵害だ」という批判が寄せられ、慣行や習俗を守る側は劣勢に追い込まれながらも「伝統だ」として、維持する姿勢を貫いてきた。このような対立構図は今後も継続することが予想される。構造の変化をもたらすため、本書がその一助となれば著者として幸甚である。

なお、文庫化にあたっての本文の修正は、誤字や事実関係の訂正、引用元の再確認の反映など最小限に留めている。

鈴木正崇

目次

女人禁制

女人禁制の現在――プロローグ

現代社会では男女平等、男女同権が叫ばれながらも、女性の立入りを禁止する聖域があったり、特定の神事には女性を参加させないという慣行がある。人々はこれを女人禁制と呼び、「性差別のクライマックス」と評する人もいる（岡野、一九九三）。しばしば話題になるのは大相撲で、土俵への立入りが許されないので、表彰式での女性の賜杯授与をめぐって議論になる。平成十三年（二〇〇一）七月には京都の祇園祭《ぎおんまつり》で、女性が山鉾《やまほこ》に上がることが許されて三〇〇年ぶりに禁制が解かれたと騒がれた。そして、平成五年（一九九三）には山形県の羽黒山で、開山千四百年祭を契機に、神社側が山伏を養成する専門修行である秋の峯を女性に開放して、神子《みこ》修行として行って話題となった。当時の禰宜《ねぎ》は参拝者の三分の二が女性であることを考慮したと語っていた。また、奈良県天川村の大峯山《おおみねさん》の山上ヶ岳は、修験道《しゅげんどう》の霊場で女人禁制を守る山として知られるが、一三〇〇年間維持されてきたと信じられている禁制の存続をめぐって侃侃諤諤《かんかんがくがく》の議論が続いている。

女人禁制とは、狭い意味では信仰にかかわる慣行で、女性に対して社寺や山岳の霊地や祭場への立入りを禁じ、女性の参拝や修行を拒否することであり、山の境界は女人結界《にょにんけっかい》と呼ばれた。比叡山《ひえいざん》や高野山などの山岳寺院を擁する聖地は、一定の領域や施設を女人禁制とし、特定の儀礼への参加を許さず、奈良の東大寺大仏殿や、薬師寺や法隆寺などの諸大寺の金堂《こんどう》もかつては女性の立入りを認めなかった。お水取りの俗称で名高い修二会《しゅにえ》が行われる東大寺二月堂は、女性信者の内陣への立入りを厳格に禁止している。神社の場合、女性が拝殿に上がることを禁じたり、男性のみの参加を維持する行事も数多い。

山を修行の場として神仏と交流して自然の力を身につける修験道は、山を女人禁制の場としたので、日本の霊山のほとんどはその影響を受け、明治五年（一八七二）に政府による解除の布告が出るまで女人禁制を維持してきた。しかし、神仏分離や修験道の崩壊により、全面的な女人禁制の山は大峯山の山上ヶ岳と後山《うしろやま》（岡山県英田郡東粟倉村、現・美作市）だけとなり、四国の石鎚山《いしづちさん》は七月一日の山開きのみを禁制としている。九州の宇曾山《うぞうさん》（大分県野津原町、現・大分市）のように、元旦、春彼岸の中日、秋彼岸の中日の三日間だけ女性の登拝を認める山もある。

山の女人禁制は各地で個性的な展開をした。大峯山や比叡山は、山域全体を女人禁制とし、女人結界に女人堂《にょにんどう》を設けて開山の母や高僧の母、姥神《うばがみ》を祀り、女性はそこで読経し念仏を唱えて安産や子授けを祈った。一方、八葉蓮華《はちようれんげ》の峰とされた高野山は、七つの登拝口の女人結界のそれぞれに女人堂を作り、相互を結ぶ線上の女人道をたどって、周囲から諸堂を遥拝する形式が江戸時代には成立した。奥の院の弘法大師の廟は、背後にそびえる摩尼山《まにさん》の横峰の伝供木《でんぐき》（天狗木）という裏側から拝み、途中には首を長くして見たという「ろくろ峠」の地名が残る。金華山（宮城県）や沖ノ島（福岡県）は島が聖域であり、伯耆大山《ほうきだいせん》は山頂へは男性でも儀礼執行時に僧侶のみが登頂を許された。また、熊野は女人結界を設定せず男女が平等に参詣できたし、九州の英彦山《ひこさん》の規制も近世では緩やかで、宝満山《ほうまんざん》には女人結界はなかった。富士山では、江戸時代後期には六〇年ごとの庚申《こうしん》の御縁年《ごえんねん》に限って女性の登拝を四合五勺まで許した。享保十八年（一七三三）に七合五勺の烏帽子岩で入定《にゅうじょう》した富士行者の食行身禄《じきぎょうみろく》は、男女平等をといて女人禁制を批判した（岩科、一九八三）。富士山麓の人々は、女性は不浄で山に登れないのではなく、結界の侵犯は悪天候になるとして反対したという（宮崎、二〇〇〇）。また、男性でも一年中いつでも山に登れたわけではなく、登拝期間が決まっていて、山開きから山閉めまでの間のみ登ることを許されたのであり、しかも事前の厳格な精進潔斎《しょうじんけっさい》が必要とされた。このように山岳への立入りは、女性だけでなく、男性も規制され、女性には空間の制限、男性には時間の制限として表出したことを忘れてはならない。現在では、山岳のような広範囲な地域への女性の立入りを禁じる慣行は消滅しつつあるが、個々の対応は複雑な経過をたどって今日にいたった。

　女人禁制の成立理由は、女性に特有の月経や出産に伴う出血を血の穢《けが》れとし、それを不浄視することで、清浄な山岳や寺院への出入りを好ましくないとする考えと、男性が世俗の欲望を断ち切る修行の場に女性がいると性的な誘惑を引き起こして妨げをなすので排除するといった説明が加えられてきた。女人禁制と聞くと、現代では女性差別であり、封建的な男尊女卑の遺制で、ジェンダー・バイアス（gender bias 性差の偏見）が強い制度であるという意見が大半を占める。確かに、女人禁制が男性側から女性側に押し付けた規制であるという事実は残る。しかし、本書では冷静な眼で、政治や社会の変化に留意しながら、女人禁制が生成され変容し維持されてきた経緯を明らかにして、その過程を通じて現れる日本人の生き方を提示するように心がけたい。特に女性たちは禁制をどのように受容し、あるいは抵抗し、つくり変えてきたかという点を考慮したいと思う。

女人禁制への視角

女人禁制の意味するもの

女人禁制とは

女人禁制の内容は、女性の生理にかかわる妊娠・出産・月経などの特定の時を忌《い》みと称して、祭場や聖地への立入りを禁じ、一定期間の後は解かれる一時的な女人禁制と、女性そのものを排除して祭場・社寺・山岳といった空間に恒常的に立入りを禁ずる永続的な女人禁制に分けられる。前者の出産の場合、忌み明け（ヒアキ）は約三〇日とされ、これ以後は普通の生活に戻るという時間にかかわる一時的規制である。神社への宮参りは男児三一日、女児三三日などで、忌み明けの儀礼であった。後者は空間にかかわる恒常的規制で永続的であって解かれることはなく、内容的には「堂舎の結界《けっかい》」と「山の結界」の禁制に分けることもできよう。総じて、一時的から永続的へ、時間の規制から空間の規制へと転化、あるいは拡大してきた可能性はある。一方、恒常的規制は、社会関係の場合、男性と女性という差異の体系を集団の分離や役割分担に適用する基準にもなる。若者組や青年会、僧侶や神職など男性を主体とする集団には女性の参加が制限され、逆に女性を中核とする婦人会、子安講《こやすこう》、女人講からは男性は排除される。この関係は変化もあり、天台宗の女性大僧正が話題になるなどはこの文脈である。

生業に関していえば、農業では男女の役割分担や男女の恒常的規制はさほど目立たず、漁業や狩猟など、危険性を伴い役割分担が明確な生業に携わる人々の間では、仕事から女性を排除する慣行がある。漁業の場合、男性の生産活動という意識が強く、漁師は女性を船に乗せると不漁になるとして乗船を拒み、妻の出産後の数日間は出漁しない。しかし、漁船には航海安全を守護する船霊様《ふなだまさま》があり、女神だとして女性の髪の毛・人形・紅・鏡・白粉《おしろい》・簪《かんざし》などを入れて祀る。愛知県日間賀島《ひまかじま》や屋久島では船下《ふなお》ろしに女子を化粧させて乗せ、佐渡の鷲崎《わしざき》では妊娠した女性を乗せた。儀礼では生産と直結する女性に豊漁祈願を託す。

山で熊や鹿を獲って暮らしていた東北地方のマタギは、狩猟で山に入るのは男性に限られていた。その理由は、山の女神は同性に嫉妬《しっと》するし、月経を嫌って「山の幸」を授けなくなるからだといわれる。妻の妊娠中に猟に出ると怪我《けが》をするという言い伝えもある。しかし、マタギは山の神は女性であるとして、山中で女神の好む男根を露出すれば獲物が獲れると信じていた。そして、山の神は出産に立ち会う産神《うぶがみ》で女性を守護するともいう。山形県米沢市田沢は木流しの集落であったが、鎮守の宰津《さいづ》神社では男根状の木が奉納され、祭には女性が参籠し祈願して出産もここで行った（武田、一九九二）。山の神は出産の血を忌避しない。

漁業や狩猟のように男女分業が明確な場合は、仕事に関しての女性忌避があり、説明としては、男性の仕事場の山や海は女神の領域で、そこに人間の女性が入ってくると嫉妬するという同性反発が語られる。海や山などの異界で非日常性が強い場合、世俗的次元では女性忌避を引き起こすが、霊的次元では船霊様や山の神のように女性に守護されるという相補的な関係が生活を安定させているといえよう。また、酒造りやタタラ製鉄など熟練した技法を要する場合も、女性の立入りを禁じたが、酒造りは木花開耶《このはなさくや》姫《ひめ》が始めたとされ、タタラの神は金屋《かなや》子《こ》神《がみ》でいずれも女神である。おそらく、漁業、狩猟、酒造り、タタラなど非農業民には共通した様相があるのだろう。その場合、女性の生殖能力を霊力として信仰する一方、生殖能力ゆえに生業に危険な力を及ぼすと考えるという二つの次元がある。現実の社会生活での女性の劣位の問題はまた別の次元である。女人禁制は女性の意味づけをめぐる大きな現象の一部であり、単純に考えることのできない複雑さを持っている。

女人禁制の解除

明治五年（一八七二）九月十五日に、山を修行の場とする神仏混淆《こんこう》の修験道に対して廃止令が出されたことで、山の信仰は大きな変貌を遂げ、仏教や神道のあり方も一変した。これは慶応四年（一八六八）三月十七日の「僧形《そうぎょう》禁止復飾令《ふくしょくれい》」、三月二十八日に布告された「神仏判然令」に始まる一連の神仏分離政策の展開の帰結であった。明治になって、近代化を進めるにあたって、女人禁制は封建的で遅れた慣行とみなされ、明治五年三月二十七日には、明治政府から「神社仏閣ノ地ニテ女人結界《にょにんけっかい》ノ場所有之候処《これありそうろうところ》、自今被廃止《はいしされ》候条、登山参詣等可為勝手《かってたるべき》事」という太政官布告第九八号が出された。この撤廃指令を受けて、各地の山では女人禁制が解かれた（岩科、一九六八。月光、一九九一）。しかし、この布告は明治五年三月十日から京都で開催を予定していた博覧会に、女性を含む外国人の来賓を招くことになり、近郊の霊山への訪問が必至との判断に基づいての指令であり、女人禁制の綿密な検討がなされたわけではなかった。その後、同年四月二十五日の太政官布告第一三三号「自今僧侶肉食妻帯蓄髪等可為勝手事」で、政府は僧侶の肉食や妻帯、蓄髪、法要以外の俗服の着用を許可したが、各地で強い抵抗が見られ、明治十一年（一八七八）二月二日の内務省の達で、これは宗規《しゅうき》に委ねると通達した。その結果、女人禁制の廃止存続は各宗規で決定できるとも解釈され、一部では女人禁制を存続させたし、布告は女人禁制を容認すると考えた所もあった。高野山の場合、明治六年に山内の町家への女性の出入りは許されたが、山内への嫁入りやそこでの出産は大騒動となるなどの事件があり、寺院の参拝の解禁は明治三十九年（一九〇六）であった。かくして、全国の霊山は女人禁制を徐々に解除し、維持している山はわずかとなった。

祭場への女人禁制

神事では、現在でも拝殿や祭場への立入りや祭祀への女性の参加が制限されることがある。新聞紙上で話題になったのは、広島県福山市鞆町《ともちょう》の沼名前《ぬなくま》神社の御弓祭《おゆみまつり》を昭和六十二年（一九八七）二月八日に取材にきていた女性記者が仮設舞台から降ろされた事件であった。女性は自分が新聞記者であり、「仕事だから下りるわけにはいきません」と抗議したが、宮司は「舞台の上にはみそぎをした男性しか上がれないしきたりだ。取材を拒否したのではなく、あくまで女性が舞台に上がることだけを遠慮してもらった」という（『朝日新聞』一九八七年二月十日付）。この事件は差別の事例としても取り上げられたが、宮司が「しきたり」の重みを維持し、「みそぎ」を舞台に上がる条件とする以上、双方の主張にはずれがあり平行線をたどる。生活の中に根ざした神事なので、地元は女性が舞台に上がることは夢想だにしなかった。現代はこうした自明のことを、外部からの視点や行為によって自覚させ再帰的（reflexive）に問い直す時代となった。その場合になすべきことは、この現象を差別と決めつけないで、生活の中に位置づけ多様な認識の中で相対化することである。

女人禁制を守る大規模な祭で最近再び話題となったのは、京都の祇園祭である。この祭では山鉾《やまほこ》巡行への女性の参加が制限され、かつては鉾にかけられた橋には「これより先不浄のやから、並びに女人登るべからず」と記した木板が掛かっていたという。禁制を破ると神罰が下る、祟《たた》りがあるとされていた。なかでも長刀鉾《なぎなたほこ》に乗る稚児《ちご》は神聖視され、その番に決まって正五位の少将十万石の位をもらった日から「衣類、食膳のいっさい女人の手に触れしめざること」という戒律に従う。現在でも長刀鉾・放下鉾《ほうかほこ》・北観音山は女性の拝観すら認めていない。しかし、これ以外の山鉾では女性の参加を徐々に緩和する傾向があり、宵々々山から宵山の間は女性の山鉾上への立入りは許可されている。これは戦後の男女同権意識の高まりや女性の社会進出によるものという。

一方、巡行への女性の参加は認められておらず、山は担げないし囃子方《はやしかた》への入会も認められていない。函谷鉾《かんこほこ》では平成四年（一九九二）から女子小学生を囃子方に入会させているが、巡行中には鉾上に乗れない。これは各山鉾町の同意を得ていないためであるという。しかし、女性も囃子方に参加させるべきだという意見が出て募集したところ、定員三〇人に対して二三〇人の応募があり、平成八年（一九九六）七月には函谷鉾保存会を中心に財界人や文化人の呼びかけで「平成女鉾《おんなぼこ》の会」が発足して、約五〇〇〇万円をかけて鉾を作って女性八〇人が練習を続けている。祇園祭山鉾連合会は、国指定重要無形民俗文化財なので「しきたり」を守ることを重視して慎重にしてほしい、女性の参加は歴史や伝統が崩れる、女鉾と同席して囃子を奉納することはできない、といった意見を寄せている。しかし、平成十三年（二〇〇一）七月十七日の巡行では、函谷鉾は女性五人が囃子方として参加して、山鉾に乗ることを許し、三〇〇年来の伝統が変化したと報道された。平成十三年は二基が女性を乗せることになり、三人姉妹が乗る函谷鉾の保存会の岡本信男理事長は「女性のパワーを生かす社会にせなあかん」として積極開放論を展開する。ただし、「やはり伝統は守るべきだ」という反対意見もあり、祇園祭山鉾連合会は、今回は参加を認めたが「来年以降はあらためて議論する」と結論を先送りした（『日本経済新聞』二〇〇一年七月十六日付夕刊）。しかし、『年中行事絵巻』（十二世紀）には、神輿に付き添う「女神子《おんなみこ》」が馬上に乗る姿が、『洛中洛外図』上杉本（十六世紀中葉）には御旅所《おたびしょ》前に歩き巫女《みこ》が描かれ（脇田、一九九九）、元和年間（一六一五〜二三）中葉の『洛中洛外図屏風』（個人蔵、京都国立博物館寄託）には、鉾に乗る女性が見える（山路、一九九三）。祇園祭の女人禁制は、ある時期に生成された

「創られた伝統」(invention of tradition) である。

京都の祇園祭に限らず、全国には山車《だし》の出る祭が多くあり、清浄さを尊ぶ神事とされて女性の参加を拒否している。ただし、最近では人手不足から、囃子方や曳《ひ》き方などに女性の登用が増え、開放は加速しそうである。神輿を女性に担がせないという神社も少なくなった。しかし、いわゆる伝統やしきたりを守る主張として、神事というよりも、国指定の文化財という理由を持ち出すことは、正当性を現代的な言説に求めて、新たな意味づけとして展開する現れである。これは一九九〇年代の世相を反映しており、女性の穢れや不浄という主張を表向きに使うことは許されないので、新たに工夫された代替の言説である。

神事と忌み

神事一般については、死や出産や月経にかかわると、忌みと呼ばれて、その参加を遠慮する慣行がある。女性は生理中には神社の参拝を避け、出産の後の数日間は神事へ参加しなかった。女性の参加を主体とする祭でも、忌みを厳格に守るところがある。たとえば、東北地方の北部の青森県下北・津軽から、南は福島県南部にいたる地域の本家筋の旧家では、オシラサマ、オコナイサマ、トドサマ、オシンメイサマなどと呼ばれる布片で覆われた二体一対の神像を祀るところがある。頭部には男神と女神、馬頭と娘頭などが造形されて、毎年正月十六日や九月十六日には遊ばせるとかオセンダクするといって、箱から外に出して布を着せ替え供物《くもつ》を上げて祀る。巫女が遊ばせて、占いをしてもらうところもあり、主に女性たちが集まる。禁忌が伴っている所があり、四足二足の肉食を禁じ、家の者が食べると口が曲がると信じている家もある。青森県三戸郡南郷《なんごう》村（現・八戸市南郷区）古里《ふるさと》の横町家では、毎年正月十六日に巫女のイタコに依頼してオシラ遊ばせを行う。しかし、「横町家に限らず、オシラ遊ばせは毎年行われることを原則としながらも、『死の忌み』、また出産などに関わる『血の忌み』を強く嫌うのである。その忌みの範囲は、オシラサマを祀る家だけでなく、その血縁関係にある家、また飼育するウシやウマの出産にまでも及ぶ。人びとはそれほど『位が高く、ケガレを忌み嫌うカミ』と考え、そうした年にはオシラ遊ばせは中止あるいは延期されるのである」という（佐治、二〇〇〇）。この場合は、人間と動物たち、特に家畜を同等に考え、その出産までも忌みに組み入れる。

一方、鎮守の社《やしろ》の祭など男性が主体となる行事では、女性は必然的に排除されることが多い。関西に多く見られる宮座《みやざ》の祭や、特定の家を行事の当番とする頭屋《とうや》（当屋）組織の祭は特に厳格であり、若者組や男性長老が取り仕切る祭でも同様である。滋賀県の北部で正月に行われるオコナイは薬師堂や観音堂、あるいは神社で神仏に五穀豊穣を祈願するが、供物の餅は男性が搗《つ》いて供え、食事も男性がつくり、頭屋の交替にあたっては座をもうけて盃を酌み交わし、女性は一切関与しない。広島県北部の比婆《ひば》郡（現・庄原市）では一三年や三三年ごとに大神事《だいしんじ》や大神楽《おおかぐら》という荒神《こうじん》神楽を行うが、この時の当番の舞頭屋は、「斎　年番大神楽　不浄之輩出入不可矣」と墨書した標柱を頭屋の門口に建て、男性がすべての食事の賄《まかな》いをして、神迎えを行い、奥座敷には女性は入らない。最後の荒神の舞納めで神の託宣を聞くには清浄な祭場が必要で、不浄の女性は近づけない（鈴木、二〇〇一）。石見《いわみ》の大元《おおもと》神楽（島根県）でも、注連《しめ》の内側へ女性が入ると神がかりの託宣は起こらないという。

女性の霊力

神事での女性の関与は時代を遡れば大きなものであり、古代では巫女として主役となることも多かった。柳田国男は女性の霊力について多くの事例を挙げて述べている（柳田、一九九九a）。現在では女人禁制の神事でも、かつては女性が神事の中核にいた。たとえば、備《び》後《ご》の荒神神楽では広島県東城町（現・庄原市）栃木《とちぎ》家の寛文四年（一六六四）の文書によれば、神楽では法者《ほうじゃ》（棹）が太鼓や弓ではやし、女性の神子《みこ》が神がかって託宣をしており、神楽の主役は巫女であった（岩田、一九八三）。法者は修験道や陰陽道《おんみょうどう》の影響を受け、神がからせる者と神がかる者という二者による修験の憑祈《よりぎ》禱《とう》の芸能化の様相が強い神楽である。しかし、吉田神道の浸透で神子は清浄なる祭祀の場から不浄として排除され、神がかりは法者や棹の系統で男巫《おとこみこ》の神柱《しんばしら》に変わった。その後、国学の影響で神楽が復古神道の様式に再編され、神仏分離によって、ほぼ女性は排除された。しかし、備後奴可《ぬか》郡（現・庄原市）の『鳴《めい》弦《げん》神事式』（大正三年（一九一四））には、荒神の神遊びでは、「しずしずと願う女徒《めのと》の声聞けば末の社にえこそ寝られん」と唱えて神がからせたとあり、託宣はメノト（女性）によるという意識が残っていた。一方、岡山市中尾や赤磐郡山陽町（現・赤磐市）で、コンガラ（矜羯羅）やセイタカ（制吒迦）と称する巫女が同族のカブガミ（株神）などの神降ろしを行っていたが、この名称は修験を守護する不動明王の眷属《けんぞく》の二童子の名で、女性自体が使役される器とされており、女性が不浄視されずに民間に受け入れられてきた例証になる。また、東北地方の岩手県宮古市で神社祭祀で奉納される神子舞《みこまい》は、法印と神子が組み、所作《しょさ》を「法をかける」「法を解く」といい、湯立ての後に法印が法力で神子の託宣を引き出す。これをシキジョウをかけるといった。ここでも女性の穢れは意識されない。時代により、状況の変化により、女性は神事から排除されることもあり、逆に主役になることもある。

さまざまな女人禁制

男子禁制と女人禁制

琉球文化圏では日本本土とは逆に、祭祀を司るのは女性であり、根神《にーがん》、ノロ、ツカサなど女性の神人《かみんちゅ》が祭祀を行い、男性は一部の神役（根人《にっちゅ》など）を除いて参加が許されない。聖地である御嶽《うたき》の森や海の彼方のニライカナイから、神々をアシャゲやミャーなどの祭場に迎え祀り、もてなしてお送りする。その大半はセジという霊力を持つ女性の役目である。御嶽などの聖地は、男子禁制で立入りを許さないばかりか、イビと呼ばれる奥の拝所に入るといった禁忌を犯せばどんな祟りや不幸を被るかわからないとされる。また、出産や月経についてもさほど強い禁忌意識を持たない。こうした祭祀のあり方はオナリ神信仰《がみ》と呼ばれ、兄弟に対してオナリ（姉妹）が霊的に優越し、生涯にわたって旅の安全や病気治しなどさまざまな守護を加えると信じる習俗が根底にあるからである。琉球文化圏では、女性がほぼ独占的に神事に携わっていることに対して、男性差別であるとか、行事を男性に開放せよといった意見は皆無である。ただし、女性に後継ぎの権利を認めないというトートーメー（位牌）継承の問題に関しては、一九八〇年代に沖縄本島で女性側から問題提起がなされ、男性側の反論も根強い。このように明らかに禁制の問題には、男女の非対称性があり、女性が排除されるという印し付けに対しては敏感に反応するのに対して、男性の排除はほとんど問題にされないし、信仰の問題は差別とは別次元であるという意識があることに留意しておく必要があるだろう。ここには女性が印し付けられる存在であるという不均等な意味付与がある。

女性が神事に携わる琉球文化圏であっても、八重山群島の石垣島宮良《みやら》、小浜島《こはまじま》、西表島《いりおもてじま》古《こ》見《み》、新城島上地《あらぐすくじまかみじ》で、旧暦六月に行われるプール（豊年祭）に出現するアカマタ・クロマタという仮面をつけた神々の祭祀の担い手は男性のみであり、女性は一切参加を許されないし、その内容について知ることもない。これらの来訪神《にーるぴとう》はニーラスクやニールなどという他界から出現すると信じられ、圧倒的な迫力を持って迫り人々の間に深い感動を引き起こす。新城島上地ではナビンドゥという地中からスデル（孵る）とされ、毎年新たに生まれてくるという。秘儀の祭祀には女性の参加を認めよという声はあがりようがない。

このように男女は意識的に対立の表象を作り出し、それぞれを意味づけながら、時に分離し相補する、包摂し排除するなど、相互の関係性の力学の中で祭祀を構成してきた。しかし、女装と男装が微妙に意味内容が違うように、男子禁制と女人禁制は後者に対して、人々が過剰な反応を示すなど、女性の位置づけの複雑さを浮き彫りにする。

相撲の女人禁制

現代人の目につきやすい女人禁制は大相撲で、土俵に女性が上がれないという禁忌が守られ、表彰式で女性が賜杯の授与を拒否されることで話題になる。大阪府の太田房江知事は平成十二年（二〇〇〇）二月八日の初登庁後の記者会見で、大相撲春場所千秋楽（三月二十六日）に、自ら土俵に上がって大阪府知事杯を優勝力士に手渡したいとの意向を表明したが、二月二十九日に電話で日本相撲協会の時津風《ときつかぜ》理事長と話し合いの末に見送った。その理由は「大相撲は神事に基づき女性は土俵に上げないという伝統がある。その伝統を貫きたい」であった。平成十三年、太田房江知事は、再び大相撲の千秋楽（三月二十五日）で優勝力士に知事杯を手渡したいと申し入れ、三月七日に時津風理事長と会談したが許可は下りなかった。その理由は前回と同じであった。ただし、検討会議を設けることに決定し、何らかの回答が求められる（『朝日新聞』二〇〇一年三月八日付）。その後、横綱審議委員会委員に脚本家の内館牧子が就任した。本人は四歳ごろから相撲になじみ、高校生の時の作文には部屋のおかみさんになりたいと書いたほどで、ＮＨＫの朝の連続テレビ小説「ひらり」で相撲部屋を題材とした実績が買われた。この起用は「保守を守るための改革」（境川親方）という。内館自身は、祭り事で神事に端を発する相撲では、土俵に女性が上がれないことは差別ではないとして現状を肯定し、伝統の核の部分について「決定は当事者にゆだねられるべき」とした（『朝日新聞』二〇〇一年三月十七日付）。

同様の問題について、森山真弓・内閣官房長官が、平成二年（一九九〇）の東京両国国技館での大相撲初場所千秋楽（一月二十一日）に内閣総理大臣杯を代理として優勝力士に手渡す意向を示したが、一月五日に回答があり拒否されたことがあった。その理由は「伝統、文化は守っていかなければならない」という主張で、当時の二子山《ふたごやま》理事長は、「こういう社会が一つくらいあってもいい」と語ったという（『朝日新聞』一九九〇年一月六日付）。これに先立つ昭和五十三年（一九七八）五月十四日に開催された、東京青年会議所主催の「わんぱく相撲東京場所」の荒川区予選・五年生の部で準優勝した十歳の少女が、決勝大会への出場権を得ながらも、蔵前国技館の土俵が女人禁制であったので出場を諦めたことがあった。当時、森山は労働省婦人少年局局長で、協会理事の伊勢ノ海親方と話し合いをしたが、結局は、土俵は祭場であるとされ、子供でも女性の入場は認められなかった。

確かに、相撲は神事に由来し、場所ごとに土俵祭を行って土盛りして塩と水で清める。もし、女性が土俵にあがると崩れると信じる人もいる。山田知子によれば、相撲の語源は手に何も持たない足踏みを意味する「すまい」（素舞）で、死霊や悪霊を鎮め追払う呪術であったといい、多くの神事相撲を紹介している（山田、一九九六）。また、山を修行の場とする修験道儀礼では即身成仏にいたる十界《じっかい》修行のうち、修羅行では相撲を取らせ、争いごとの世界を体験させる。一方、女相撲も行われており、起源は『日本書紀』雄略天皇十三年九月条に遡るとされ、江戸時代以降は記録が残って、雨乞い祈願でもあった（金田、一九九三）。

現在の大相撲の禁忌もある時期に創り出された可能性が高い。おそらく相撲が江戸時代に四季の勧進《かんじん》相撲として幕府から家職《かしょく》を通じての支配を受け、寛延二年（一七四九）以降に由緒や故実が整ってからの質的変化であろう（高埜、一九八九）。相撲は「国技」となり、日本の伝統として喧伝され、国を代表するという誇りや正当性を支える論理を作り出してきた。大相撲での内閣総理大臣賞（一九六八年創設）という新しい表彰形式にも如実に表れている。

酒造りの女人禁制

酒造りでは女性が蔵の中に入ることは許されず、この禁忌を破って女性が中に入ると酒がうまくできないと信じていた。日本酒だけでなく、焼酎の醸造にも女性の参加を認めなかった。酒造家で酒を醸造する長《おさ》や酒造り職人を「杜氏《とうじ》」と呼び、神仏の加護を願い、朝夕は灯明に火をともして蔵の平穏を祈り、禁欲的な生活を送って酒造りをした。酒造りは長期にわたり、雑菌に汚染されないように冬の寒い時期に行う厳しい作業で、特別の技術を要した（神崎、一九九一）。女人禁制の理由は、女性が蔵に入ると神様が機嫌を損ねて酒造りに失敗する、酒が腐るという言い伝えがあり、神事にかかわる飲み物を造る過程への女性の関与を忌むという観念もあったようだ。また実際に、化粧の匂いが麹《こうじ》やもろみにつくことを嫌ったという事情もあった。今でも仕込みの時期には納豆やヨーグルトを食べることは厳禁で、整髪料もつけてはいけない。最近は女性の杜氏も多く誕生しているが、女性の造った酒は飲めないという抗議も寄せられているときく。

しかし、十五世紀には女性が酒や麹を造って売っていた記録があり（脇田、一九八二）、遡って古代では『万葉集』に酒造りが女性の仕事であったことを示す歌が載せられている。伝承では、神に捧げる酒は、処女が米を口中に含みよく嚙《か》んで唾液とともに吐き出して甕《かめ》にため、自然発酵させる「口嚙み酒」の手法で造った一夜酒《ひとよざけ》だという。その起源は木花開耶姫《このはなさくやひめ》が狭名田《さなだ》の稲を口の中で嚙んで天《あめ》の甜酒《たむざけ》を醸《かも》したという『日本書紀』の話に由来するとされる。酒の発酵を「醸《かも》す」というのは、「嚙《か》む」の変化形ともいう。古くは家事を司る女性、あるいは酒を管理する女性の尊称が「刀自《とじ》」であり、男性が造り手になってもその長を「杜氏」と呼んだというが真偽は不明である。一般には家刀自とは一家の主婦を意味し、俗説では「嚙み」さんが転化してカミサンが奥さんの意味ともなったという。奈良県の三輪山山麓の大神《おおみわ》神社は、酒造りの神として、全国の酒造業者からの崇敬を集め、摂社《せっしゃ》に活日《いくい》神社（一《ひと》夜酒社《よざけのやしろ》）があり宮中に酒を献じた掌酒《さかひと》とされる高橋活日命《たかはしのいくひのみこと》を祀り、酒屋は三輪杉の葉を球状に束ねた酒林《さかばやし》（杉玉）を吊るして商売繁昌を祈願する。神社には明治以前は口嚙み酒の伝統があったという伝承も残る。酒造りはかつては女性が醸したという、現代の男女の役割を反転させる伝承がある。

トンネルの女人禁制

近代的な工事でも、トンネルは特別で、女性は工事の現場に入れない。その理由として多くの場所で聞かれる説明は、山の神は女性であり、そこに穿《うが》つトンネルに女性が入ると自分の領分を侵されたといって怒り、山が荒れてトンネルが潰れたり、事故が起きたりするという。また、トンネル工事の作業員を守護するのは山の神で、人間の女性が現場に近付くと嫉妬して、それまで加護していた男たちから離れるので、危険な目にあうとされる。トンネルの入り口の横には、男根状の石を置いて和《なご》めたりした。

昭和五十一年（一九七六）九月二十二日には、長野県塩尻市の塩嶺《しおみね》トンネルでの地元住民による事業認定をめぐる訴訟での現場検証で、原告弁護団の中にいた女性弁護士が入坑を拒否され、三時間の激論の後に、ようやく中に入った。昭和五十五年には青函トンネルの工事で女性の国会議員や大使夫人が工事現場の視察に訪れたが、「女性が工事中のトンネルに入ると山の神さまが怒るから、自分たちはそれを嫌う」という理由で日本鉄道建設公団が入坑を拒否したという。ただし、完成間近の昭和六十年には、女性の入坑が許されて、青函トンネルを工事関係者の夫人をはじめ二〇〇人の女性が通った。しかし、秋田県阿仁町（現・北秋田市）の戸鳥内トンネル起工式での女性記者の取材拒否（『毎日新聞』一九八七年二月十九日付）、滋賀県大津市内畑トンネル貫通式での女性市議会議員の出席拒否（『朝日新聞』一九八七年一月二十四日付）、北海道内の野塚トンネル貫通式での女性支庁長の出席拒否（『北海道新聞』一九九〇年八月五日付）、群馬県榛名町（現・高崎市）の安棒トンネルの工事見学会での女性入坑拒否（二〇〇一年八月二十五日）が続く。平成三年（一九九一）一月に山形県南陽市のトンネル開通式に女性記者四人が坑内に入って話題となり、大阪市水道局は平成三年二月にトンネル工事現場の見学を女性に開放した。最近では女性の現場監督も出現している。女性差別撤廃運動の高まりで、一九九〇年代に入って変化の兆しがあるが、まさしく山で働く人々の禁忌意識が近代と切り結ぶ場がトンネルであった。

女人禁制の把握

多様な展開を見せる女人禁制であるが、その起源は平安時代に遡るとされ、成立時期は九世紀後半（平、一九九二）から十一世紀後半（西口、一九八七）までさまざまである。牛山佳幸によれば、用語としての女人禁制の使用例は平安時代にはなく、中世後期の謡曲『竹生島《ちくぶじま》』が早い例で、女人結界は近世初頭の仮名草子『醒睡笑《せいすいしょう》』や『恨之介《うらみすけ》』以後に頻出するという（牛山、一九九六ａ）。古代文献には女人禁制という用語がないという見解は極めて重要で、女人禁制を通時代的な概念として、古代にも近代にも適用してきた問題点が明らかになった。成立時期の見解が分かれるのは、禁制とするか否かの判断が各人に委ねられている点にある。女人結界を女人禁制と安易に結合することも慎重でなければならない。

女人禁制を女性差別の歴史事象と見る前提に立った議論や、女性の不浄観や穢れを過度に強調する傾向も再考の余地がある。女人禁制という用語は、女性蔑視の意味を受け継いだ文脈の中で使用され、ある偏向を含み込んだ概念である。今日でも女性が神事への参加を制限されると、女人禁制の用語が持ち出され、露骨な女性差別とみなす傾向が見られる。女人禁制は各地の実態に即して歴史や伝承を見直し、民俗の基盤を考慮すべきなのである。

女人禁制についての議論を牛山佳幸は四つに大別している。それは、①血の穢れに対する不浄観、②仏教の戒律（不邪淫戒《ふじゃいんかい》）の適用、③仏典に見える女性蔑視思想、④日本民俗の本質に根ざすとするもの、である（牛山、一九九六b）。有力視されているのは①で、特に女性の出産や月経に際しての血の穢れを原因とする不浄観である。近年の歴史学での女性と宗教をめぐる問題では、室町時代に血の穢れを重視する動きが浮上したとする説が有力である。しかし、穢れや不浄の問題は極めて微妙で、柔軟で多様な視点から考察すべきであろう。

多岐にわたる女人禁制のうち、本書は恒常的規制として山岳空間で展開した女人禁制について主として考える。最初に、現在でも女人禁制を維持する大峯山の現状を近代の変遷を考慮しながら検討する。その後、女人禁制を成立の状況まで歴史的に遡って、歴史学や民俗学の成果を使いながら、どのような変遷を遂げてきたかを考える。そして、最後にこの問題の中核にある穢れの観念について新しい理論的な考察を加えてみることにしたい。

大峯山の現状

維持される女人禁制

神仏分離以後

大峯山《おおみねさん》は紀伊半島の中央部に位置し、吉野から熊野にいたる巨大な山塊の総称である（図1）。役小角《えんのおづぬ》（役行者《えんのぎょうじゃ》）を開祖とする修験道の根本道場とされてきた。そのうち奈良県の山上ヶ岳（標高一七一九メートル）は、現在も女人禁制を守る。この現状を理解するには、神仏分離以後の経過と運営のあり方を知る必要がある。

大峯山は明治五年（一八七二）の修験宗廃止令によって大きな変貌を遂げた。明治七年六月に山上ヶ岳山頂の山上蔵王堂（山上本堂）は吉野の金峯《きんぷ》神社奥宮となり、仏像を運び出して神鏡を祀った。登拝者は激減したので、登山口の吉野と洞川《どろがわ》は、明治八年四月二十九日に、真言系の当山派修験の根拠地であった小篠《おざさ》の仏堂を山上ヶ岳に移転して行者堂とし、山上蔵王堂の秘密の役行者像と蔵王権現像を安置した。管理には洞川の龍泉寺と吉野の善福寺があたった。明治十九年（一八八六）五月に金峯神社奥宮は山上本堂として仏寺に復帰し、吉野か山上ヶ岳は吉野と洞川の共有とされた。山上ヶ岳は修験道草創以来の伝統を残して、吉野か

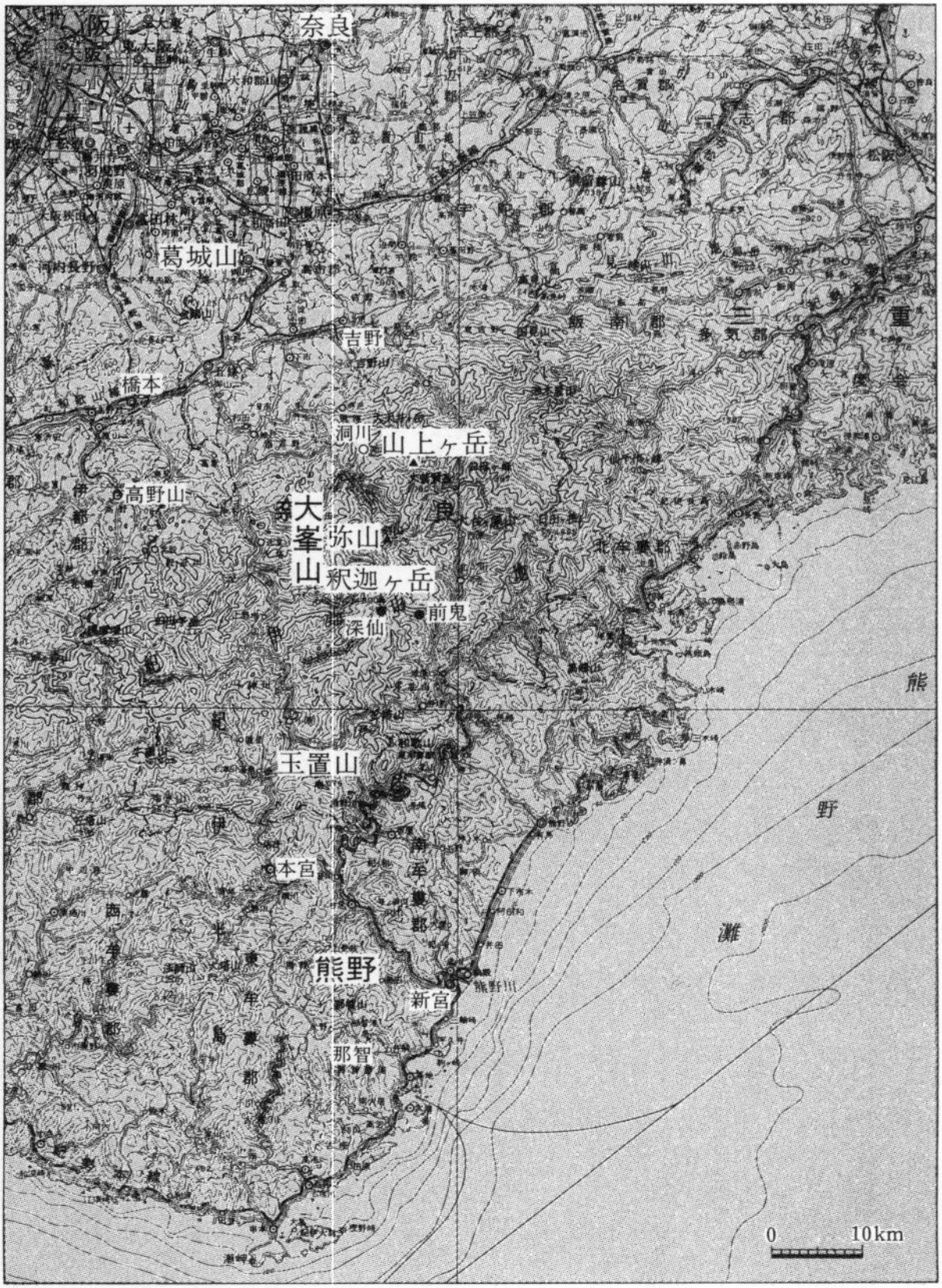

図1　大峯山全図
（1／50万地方図「中部近畿」より）

らの登拝を「本山」と称して正式の参道としていたが、これ以後は洞川からの登拝が多くなった。山上本堂の管理は、吉野の喜蔵院、竹林院、東南院、桜本坊《さくらもとぼう》の吉野側四ヵ寺と、洞川の檀那寺《だんなでら》であった龍泉寺があたり、護持院《ごじいん》と称することになった。さらに、近世末期から急速に勢力を持ちだした八嶋役講と呼ばれる登拝講（行者講、山上講）で、大阪の岩・光明・三郷・京橋と、堺の鳥毛・井筒・両郷・五流からなる講社の連合が管理にかかわった。役講は、昭和六年（一九三一）五月十四日に護持院と地元信徒総代（吉野と洞川の代表）が覚書を取り交わし、各役講一名ずつを信徒総代として山上本堂の運営にあたらせることにした。特に山開きと山閉めにあたる戸開式《とあけしき》（図2）と戸閉式《とじめしき》は役講の受け持ちで本堂の鍵を管理することになって現在にいたっている（鈴木、一九九一）。山上本堂の住職に関しては揉《も》め事《ごと》が続いたが、昭和十七年（一九四二）五月にいたり、文部省の仲裁で、名称を大峯山寺（図3）と改称し、天台・真言の両属寺院として決着をみた。その結果、吉野側四ヵ寺は東南院、喜蔵院、桜本坊、竹林院の順番で二年交替で年番を務め、龍泉寺は常時年番として祭礼や法務を担当することになった。住職は年番寺院が一年交替で務めるので、龍泉寺は一年おき、吉野側四ヵ寺は八年おきに順番が回ってくる。吉野と洞川の地元は、区長を含む三名を地元信徒総代とし、役講は各講ごとに一名の特別信徒総代を出し、年一回の総会に出席して運営について報告を受ける。護持院、地元の吉野・洞川、八嶋役講、三者の共同管理という複雑な状況が出現して現在にいたっている。女人禁制をめぐる議論ではこれら三者の意向が交錯するのである。

図２　戸開式の鍵渡し

図３　大峯山寺

女人禁制の現状

女人禁制は明治五年三月二十七日の太政官布告九八号で解除され、これを受けて吉野は女性の登拝を許可しようとしたが、洞川の強硬な反対で禁制は維持された。女人禁制は宗規とし、国の法律の制約外とする見解に基づくものである。布告は、すでに述べたように、京都で同年三月十日から開催予定の博覧会の外国人来賓に女性が含まれ、近郊の霊山の訪問が必至の情勢となったための便宜的なもので熟慮をへての判断ではない（鷲尾順敬・神亀法壽「女人結界の廃止顛末」『現代仏教』現代仏教社、一九三三年）。これ以後、多年にわたり議論が続いたが、山上ヶ岳の女人禁制は維持されてきた。しかし、平成十二年（二〇〇〇）の役行者千三百年御遠忌を前に、時代の状況を考慮して、女性の入山を認めるか否かという解禁の本格的な検討に入った。ただし、平成十一年に女性の強行登山があり、これを契機に信者が態度を硬化させ、平成十三年現在、禁制は維持されている。

女人結界は、登山道に沿った形で設定され（図4）、西の洞川口は母公堂《ははこどう》（図5）、東の柏木口は阿弥陀森（脇の宿）、北の吉野口は青根ヶ峯、南の弥山《みせん》からの奥駈《おくがけ》道は阿弥陀森が兼ねた。洞川（図6）から山上ヶ岳（図7）への登山道沿いに母公堂（女人堂）があり、役小角がここで自分の母親の渡都岐白専女《とときしらとうめ》と別れたとか、母が訪ねてきたが川に住む大蛇にはばまれて登れなかった所という伝承がある。手前には「従是《これより》女人結界」と刻んだ女人結界石が立っている。内部には役行者とその母公、烏天狗、大聖不動明王、理源《りげん》大師聖宝《しょうぼう》、弘法大師

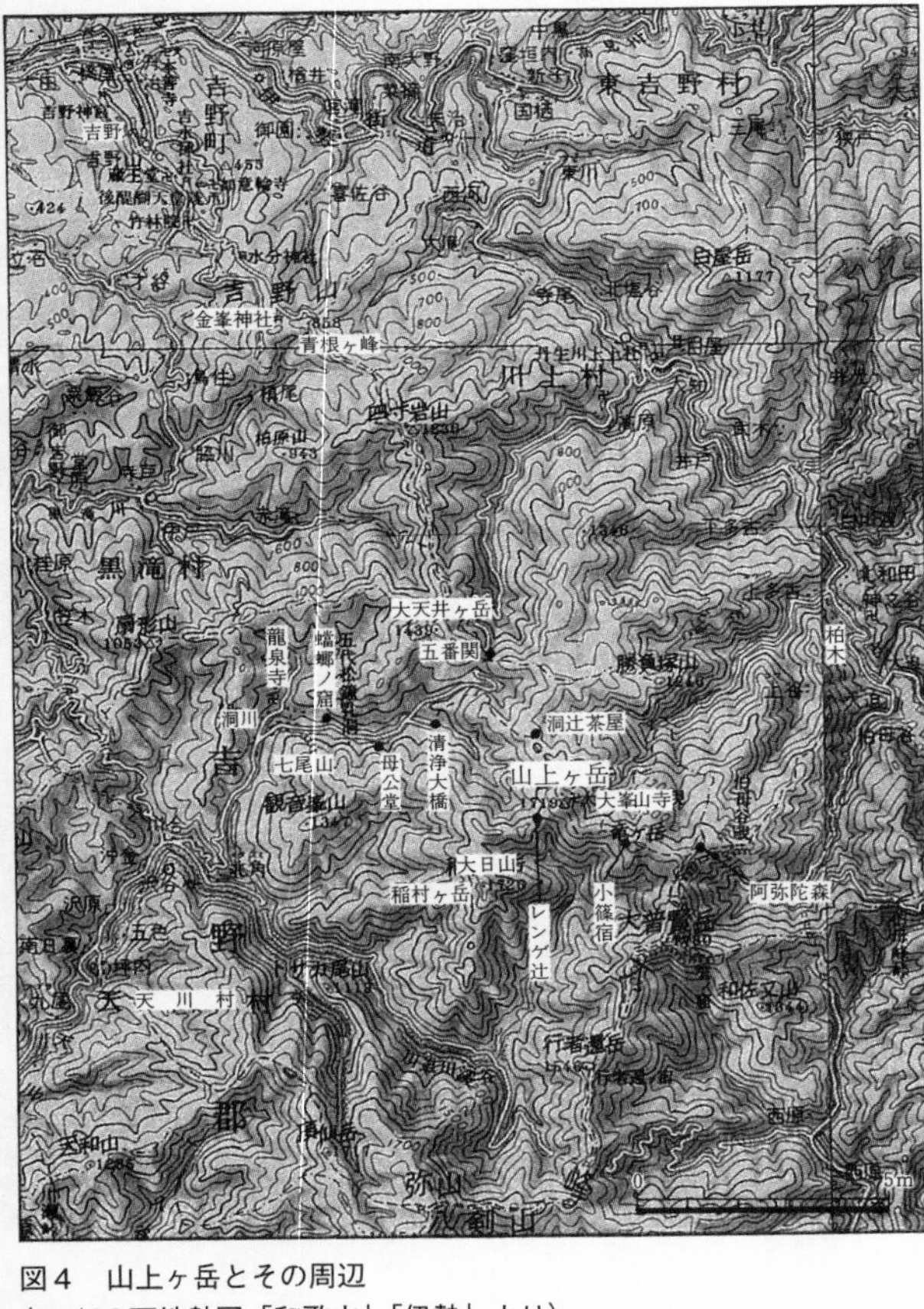

図４　山上ヶ岳とその周辺
（1／20万地勢図「和歌山」「伊勢」より）

図５　洞川の母公堂

図６　洞川の全景

図７　山上ヶ岳の遠望

図８　五番関の女人結界

空海、子授け地蔵が祀られている。役小角の母公はトウメやトラメと呼ばれ、大江匡房《おおえのまさふさ》撰『本朝神仙伝《ほんちょうしんせんでん》』（十二世紀前期）記載の吉野山の女人結界を破ったものの登頂を果たせなかった都藍尼《とらんに》や各地の虎姫《とらひめ》と同系統の名称である。このお堂の管理者は洞川の老人会で、役小角の母に因《ちな》み、安産や子授けのお守りと腹帯を売っており、母公には山の姥神《うばがみ》の様相もある。一方、吉野山奥千本の金峯神社（金精《こんしょう》明神《みょうじん》）の近くで山上ヶ岳にいたる登山道の脇にも母公堂があって、役小角の母親の石像が祀られている。この上部が青根ヶ峯で、「従是女人結界」と記した慶応元年（一八六五）再建（延享二年〔一七四五〕創建）の結界石があり、元の女人結界で、現在では五番関《ごばんぜき》（碁盤石）に移っている（図8）。

女人禁制の縮小

昭和四十五年（一九七〇）五月二日以降は、女人結界を吉野側は五番関まで一二キロ、洞川側は清浄大橋まで二キロ後退して区域は縮小され、母公堂は意味をうしなった。大橋の脇には沢山の登拝供養塔が建てられ、「大峯山女人遥拝所」もあって、鳥居を通して山上ヶ岳を拝める。結界門も作り直され、清浄大橋、五番関、阿弥陀森、レンゲ辻の四ヵ所に立てられた。レンゲ辻は近年、稲村《いなむら》ヶ岳が「女人大峯」として、女性登山客が増えたので、山上ヶ岳にいたる途中に女人結界の表示をしたのである。結界門にある表示には「女人禁制　この霊山大峰山の掟は宗教的伝統に従って女性がこの門より向こうへ登ることを禁止します」とある。英語による女人禁制の警告もあり、これは平成四年（一九九二）五月に外国人女性二人が大峯山頂のお花畑に登ってきたので、大峯山寺関係者があわてて柏木道に下ろし、それ以後に設けられた。文言は“No Woman Admited — Regulation of this holly mountain Ominesan prohibits any woman from climbing farther through this gate according to the religious tradition.”である。理由は「宗教的伝統」を強調し、近年の女人禁制保持の共通見解となっている。

一方、昭和四十五年に行われた禁制の縮小についての理由は、ほぼ三点でかなり世俗的な内容であり、実用本位でもあった。木津譲は平成四年に銭谷修(龍泉寺檀家総代、大正六年〔一九一七〕生まれ)から聞書をとっている(木津、一九九三)。それによれば、第一は植林の問題で、戦中と戦後は人手が不足して下草刈りなどの山仕事を女性がすることが増え、結界線を越えて禁制区域内で仕事をしていたのを、信者や行者から見咎《みとが》められて抗議があった。そこで大峯山寺や八嶋役講の関係者に協議を申し入れた。第二は近畿日本鉄道の要請で、登山ブームで弥山や稲村ヶ岳に登る女性登山者が増えてきたこともあり、昭和四十五年〔一九七〇〕の万国博覧会を控えて観光開発を計画し、大峯山系の四寸岩山《しすんいわやま》や大天井岳《おおてんじょうだけ》をつなぐ稜線に新しいコースを造りたいので、女性の入れる地域を広げて欲しいと、大峯山寺関係者に申し入れがあり、地域振興に役立つならばといって、禁制区の縮小を考えた(『大和タイムス』一九六九年十月三十一日付)。洞川は昭和四十年(一九六五)三月二十五日に国立公園に編入され、観光への投資に目覚めたことがその伏線にある。第三はバスガイドの問題で、登山客を乗せた観光バスは清浄大橋まで入るが、女性ガイドは女人禁制のために、二キロ手前の母公堂か下の茶店で降りて、長時間にわたって客の下山を待つことになる。バスは清浄大橋で下山客を乗せて戻り、母公堂や茶屋でガイドを拾って下る。母公堂と清浄大橋の間の道は狭いので誘導が必要だが、ガイドがいないという状況であったという。

禁制解除の議論

当時の洞川は大峯山の登拝者を相手とする観光業の他に、吉野杉や檜を主体とする林業に頼って暮らしていた。折しも高度経済成長の時代で村人は都会に出て行き、過疎化の中での人手不足が生じて新たな生き方を模索していた。昭和四十年の国立公園編入も洞川からの働きかけで実現したことで、大峯山への登山基地、二つの鍾乳洞（面不動と五代松）、吉野杉の産地で天然林があることを訴えた結果、認められた。時代の変化によって、日常の暮らしからの要請や観光による地域振興によって禁制区を縮小することになったのである。当時はかなり世俗的な理由が持ち出されており、時代の変化を如実に反映しているといえる。

この問題は昭和四十四年十月二十九日に吉野竹林院で開催された大峯山寺総会で討議されたが、当事者だけでなく近鉄天王寺営業局営業課長も出席し、観光化が要因の一つであったことがわかる。その結果、護持院や地元の信徒総代は開放に賛成したが、役講代表の特別信徒総代は難色を示して態度を留保した（『毎日新聞』一九六九年十月三十一日付）。多数の信者を擁する大阪と堺の役講は大きな勢力があり、大峯山についての強い愛着心と信仰心をもっている。これらの人々からの反対表明や態度留保は、大峯山草創以来、一三〇〇年にわたって維持されてきたとされる慣行の解除についての畏《おそ》れと戸惑いの大きさを示している。山での修行は信者が「行者さん」と親しみを寄せて呼ぶ、開祖の役行者こと役小角の行いを踏襲することに意義を見出してきた。女人禁制は役小角が草創時に取り決めたとされ、根本秩序を覆すことへのためらいがあったのである。結局は昭和四十五年二月六日の協議によって、役講は押し切られて一部開放は承認された。

一方、地元の声として、銭谷修は「地元の女の人には大峯山に登ろうという気持は全然ありません。入っていても、あくまで仕事をしにいっていると考えているんです」といい、信仰心は維持されていた。地元の女性は山に登らないことは当然と考え、登ろうと試みるのは外部からの訪問者に限られている。隠れて登る者がいたらしく、大峯山寺総代だった大田義正が若いころに、山に雹《ひょう》が降ると、修験者たちは「また、女が山にあがったな」と言い合っていたという。『本朝神仙伝』に載る都藍尼の話を彷彿とさせる伝承が近年まで残っていた。伝統はまったく変わらないものではなく、変わりにくいものと変わりやすいものが共存する。

女人禁制の揺らぎ

国立公園と女人禁制

女人禁制の大峯山にあえて登ろうと試みた女性は何人かいた。山上ヶ岳は、五月三日の戸開式から、九月二十三日の戸閉式までは、山上に修験や管理人がいるが、この時期以外は無人なので登っても咎《とが》める者がいないのである。古くは、明治三十五年（一九〇二）に葛城《かつらぎ》神社の社司の娘のとよが僧侶二人とともに登拝を試みたという。昭和四年（一九二九）七月十五日に、大阪市北区梅ヶ枝町の岡田松江（当時二十二歳）と港区大正通一丁目の石渡秀（当時三十九歳）は、柏木の南から新道を経由して登り、午後三時ごろに小篠《おざさ》の本堂にたどりつき、堂守《どうもり》のおじさんに捕まった。山で働いていた樵夫《きこり》たちが駆け集まり「山の祟りが恐ろしいから早く下山してくれ」といい、即刻退去となった。同年七月十七日付の『朝日新聞』は、「『女人禁制』解かれて初めての婦人登山」「堂守や樵夫が祟りを恐れる　大和の霊山、大峰山を征服」との大見出しを載せ二人の写真を掲載している。しかし、地元ではこうした行為を「ぬすっと参り」と称して、女人禁制の解禁にはならないという。「盗人」であって、正式な開放は大峯山寺が明確に日時を定めて布告を出すことで行われると考える。

昭和七年（一九三二）十月八日に大峯山一帯が国立公園の候補地に決定して以来、公共性に照らして女人解禁を求める声が大きくなり、さまざまな議論が昭和十一年まで続いた。役講には、女人禁制は役行者以来の伝統で、女性がいては修行にならないという意見が多く、地元の支持も強かった。執事長の宮城信雅が解禁反対の意見を本山派の機関誌『修験』五七号（一九三二年）と五九号（一九三三年）に載せている。全体の経緯は岸田日出男の報告「大峯山脈女人登山解禁問題について」（五九号）に詳しい。それによると解禁賛成派の意見は、①国立公園は公共の場であり一部とはいえ国民の半分に門戸を閉ざすのは不当である、

②修行は男性に限らず女性も必要としているので開放されるべきである、③女性に門戸を開けば登山客や宿泊客が増えて地元の洞川《どろがわ》が潤う、④東側の登山口である柏木口の開放に先立って開けば機先を制する、といった主張である。一方、解禁反対派は、①国立公園の中には人が立ち入れない所もあり、逆に一部に長い伝統に由来する女人禁制を残すことで意義が高まる、②女性に修行が必要である点には同意するが、その中に不謹慎な者がいれば山の神聖さが失われてしまう、③洞川の場合、解禁で登山客が増加するという見通しはあやまりで信者や登山客は減少する、むしろ日本唯一の女人禁制を残すことで多くの人が訪れる、④裏口の開放の機先を制するというのは姑息である、といった趣旨である。総じて解禁反対派は、感情的で伝統を守ることや信仰への愛着に満ちて論理的な意見とは言いがたい一方、収入減少への漠然たる不安な思いを払拭できない。講社に属する信者は伝統にこだわり、地元住民は経済的な困窮を引き起こすことへの不安を述べている。

昭和十一年（一九三六）二月一日には、内務省告示第三三号によって、大峯山一帯は吉野熊野国立公園の指定を受け、禁制解禁の動きが大きな高まりをみせた。解禁反対論は、機関誌『修験』七八号（一九三六年）に再び宮城信雅が執筆している。この時の経過は同号の阪口親平の報告「大峰山問題に就ての経過報告書」と無記名の「大峰山女人開否問題と禁制維持決議の経過」に詳しい。それによると、同年二月二十五日付の『朝日新聞』（大阪）に洞川が地域の振興を図るために、女人禁制の解除を決議し、五月の戸開式に合わせて実行に移す、という記事が掲載された。一部の解禁賛成論者が働きかけをしたらしい。八嶋役講はこれに驚いて、二月二十七日に緊急の会議を開催し、女人絶対非解禁を決議して、二十八日には代表九名が奈良県庁に出向き洞辻《どろつじ》から上は禁制の維持を陳情した。本山派修験の総本山である聖護院《しょうごいん》も協議の結果、宮城信雅執事が三月六日に奈良県庁に出向いて、知事に対して解禁反対の具申書を提出した。大峯信仰結社である神変《じんぺん》教会京都連合会も三月七日に代表が県庁に出て、解禁反対の陳情書を提出した。さらに、三月十四日に竹林院に、護持院、地元信徒総代、地方信徒総代、役講代表、吉野と洞川の区委員が集まって、話し合いがもたれ、関係者が一致団結して永遠に女人禁制を守り抜くことに合意した。この趣旨を三月十九日に奈良県知事に伝え、四月十二日には「大峰山各関係者協議山規」が定められて、女人禁制は公式的な決定事項となった。結局のところ解禁は見送りとなったが、国立公園という外部からの制度的な働きかけが討議の気運を生み出したことは注目される。

アメリカ人女性の登山

第二次世界大戦の終了後、人々の意識は大きく変わり、男女平等の立場から、何人かの女性が登山を試みた。その経過は、洞川在住の銭谷修が当山派の機関誌『神変』五六九号（一九五六年）と六一八号（一九六一年）で報告している。その後に書かれた本人の追憶記（「大峯山女人解禁問題追憶記」『神変』七二四号、一九七〇年）と、木津譲による銭谷修からの聞書（木津、一九九三）、さらに本人より直接うかがった話を総合して紹介する。

昭和二十一年（一九四六）七月十二日に、近畿登山協会設立者で進駐軍勤務の松山啓吉が大峯山の女性への開放を求めて、日管ミシンの女子社員や大阪阿部野高女教師など女性一六人と男性五人に報道陣を含め約三〇名で登山を試みた。松山は裏口にあたる柏木のホテルで進駐軍の天然資源局所属のペローというアメリカ人女性と同宿したので、一緒に女性通訳を連れて登ってきた。ペローは松山から女人禁制の山があり、そこが明日開放されると聞かされ興味本位でついてきたのだという。下市警察署から洞川に連絡が入って、地元は大騒ぎとなった。何としても阻止ということになり、同日零時のサイレンを合図に、地区の一軒から一人ずつ総勢三〇〇人が山を越えて柏木側に向かい、午前四時から小篠《おざさ》の宿で待ち構えた。人々は興奮していたので、洞川の柳谷安次郎区長から暴力行為を避けるようにとの注意が再三与えられた。午前九時に小篠で松山の一行と出会って説得にあたった。松山は、日本は戦争に負けてすべてが変わり、男女も平等になったので開放すべきだという自由平等の立場からの主張を説いた。洞川の人々は、自由になったことはわかるが、信仰の自由の観点から、「大峰山は女性を入れないということで一三〇〇年もの伝統を守ってきた山であり、この信仰を崩すわけにはいきません」といい、全国二〇〇万の信者のためにも守る権利があると主張した。双方の話し合いはつかず、洞川側が殺気立ってきたので、双方から五人ずつ出して話し合うことにした。代表の一人の銭谷は女性に対しての説得に切り替えて、大峯山の伝統や山岳修行の意義を説き、女人禁制が女性蔑視や男尊女卑とは無関係であることを、天照《あまてらす》大神《おおみかみ》の女神崇拝を出して説明した。そして、信仰を生きがいとする信者のこと、信者の援助で成り立つ洞川の生活について丹念に説明し、「この（洞川）一五〇〇人の命と二〇〇万信者の心の拠り処、これを救うも殺すも貴方たちにかかっています」と泣き落としにかかった。女性たちは地元の了解をとったと松山から聞いて登ってきたのであり、そうでないなら、他人を不幸にしてまで登る必要はないといって、いったんは下山に同意した。しかし、アメリカ人女性は、「私がこの山に登ることによって日本女性の地位が高められ幸福になるのでしたら登ります」と、一転して強行登山を主張した。困った銭谷は「それは大きな不幸をもたらします」と答え、「大峯山の女人禁制というのは、アメリカにおけるキリスト教の修道院と同じようなものです。アメリカにも女子禁制の場所があるではありませんか」と反論し、「女性を差別したり、女性をさげすんだり、そういう意味で女人禁制にしているのではありません。女性のいないところで男性だけが修行をする、つまり修道院のようなものと考えてもらったらいいです」といった。この意見は説得力があったらしい。さらに、「この山には二〇〇万人近い信者さんがおります。その信者さんは、女性がこの山に登ることによって、自分たちの修行の場所を失ったということで非常に怒ります。その怒りを今日登ってきた女性の人に向けてくるでしょう。そして、それのみか、そのために、宗教的な暴動が起こります」と言った。極端な言い方であると本人も思ったらしいが、「暴動的なことが起こって、それが日本人の不幸につながります。みなさんが大峯山に登ることによって、日本の女性の方は幸福にはなりません」と主張し、せっかく戻った日本の平和が脅かされるとまで論じた。そこでようやく納得して登山を諦めることになった。洞川の人々は感涙にむせび小篠の行者像と大峯山寺の本尊に感謝の報告をして下山したという。

進駐軍への働きかけ

事件の後、天川村村長の桝谷源造、大峯山寺信徒総代の宮田金寿などが、連合国軍奈良軍政部へ出向いて、S・ヘンダーソン中佐の告示を受け取り、各登山口に公示した。告示には、「女人禁制　大峯山寺ハ千三百年以上女人禁制ノ伝統ヲ確守シ此ノ山ノ信仰ヲ保持シタル事ヲ認メ、我々占領軍ハ日本宗教ノ権利ト伝統ヲ尊重スルモノナリ　奈良県軍政部・神社寺院課　奈良軍政部・陸軍中佐　エス、ヘンダーソン」とあった。事前に中佐から意見を求められた龍泉寺住職の岡田戒玉は、「大峯山の女人禁制は、女性の汚《けが》れだとか、女性を軽べつするためのものではない。仏教の根本精神は一切の衆生を吾子《わがこ》とするのであるが、何故にこれを禁制するかと言えば、古来より大峯山は、男性のみの修行道場であるので女性の登頂により、これをさまたげられるおそれがある事が第一の理由であつて、むしろ一千三百年の信仰と伝統を破つてまでもこの山に女性が登らねばならぬのか、その理由がわからないのである。たとえばキリスト教でも、男子のトラピストには女子を入れず、女子のトラピストには男子を入れないと言ふ掟のもとに、信仰の道に専心する集団の道場があるのと同じである」（明道「大峯山の女人禁制開放について」『神変』五六八号、一九五六年）と述べたという。

この出来事を通じて洞川の人々の女人禁制維持に対する強い熱意と危機意識を明確に感じ取ることができる。地元の主張は、信仰と伝統の保持を第一義とし、信者と地元が一体となって支えている禁制を解禁すれば、両者ともに精神的に大きな打撃を受けるだけでなく経済的にも成り立たなくなるということである。寺側からは修行場を維持する規則であり、女性を不浄視して排除するのではなく、あくまで信仰に根ざしているという説明が加えられている。こうした主張や説明の前提には信仰の共有と、伝統の連続の無謬性《むびゅうせい》への執着がある。このどちらかに疑問が提出されれば、禁制維持は大きく揺らぐことになる。

女性による大峯登山の試み

アメリカ人女性の登山の試み以来、女人結界を突破しようとする行動が相次いだ。昭和二十二年（一九四七）に四国の拝み屋と称する女性が、洞川にやってきた。この女性は石鎚山《いしづちさん》で修行して霊体験を得た熱心な行者で、ある時霊感で大峯山に登るようにという神のお告げを受けたのだという。銭谷修は役小角以来の大峯山の修験道の意義を説明すると、この拝み屋は突然に目の前で神がかり、銭谷には役小角が憑《つ》いており、彼女に山を下りるように指示していると述べた。かくして一人で納得して山を下りたという。

昭和二十三年に再び大峯山に登ろうと試みた女性がいた。それは橋本久尾で、俗称を女次郎長、大阪市内飛田の遊郭の女俠客で、次郎長餔の女主人であった。この女性は洞川が大峯山に女性を入れないと防御する固さを聞き、あえて一念発起して登山を試みたらしい。もともと橋本は杉田昭龍（大阪府中河内郡高安村〔現・八尾市〕教興寺住職）と組んで突破をもくろんでいたが亀裂が生じ、同年九月十三日に杉田が大阪の各夕刊紙上で決行宣言をしたので、自らが先に決行することにしたのである。橋本は僧侶を含む三人の男性をつれ、自分は男装して、十月十三日の午前三時に、大台ヶ原山に登ると称して柏木の宿を出発して山上ヶ岳を目指した。これに気づいた柏木の人々は区長以下八〇名が後を追いかける一方、洞川に連絡をとった。洞川では再びサイレンを鳴らして青年三〇名を集めて、弁当の炊き出しをして柏木へと向かった。折しも雨が降っており、これは女次郎長に対する神の怒りだと考えられた。脇の宿と柏木の間の伯母谷覗《おばだにのぞき》で女次郎長に出会い説得にかかったが話し合いがつかず、洞川で決着をつけることになった。銭谷修は、「女人禁制を突破しようとしてここに来る者の動機には、売名と信仰と二つあるが、あんたの場合はそのどちらか」と問い掛けた。これは相手の意図を見通しての問いで、思惑通り信仰だと答えたので、しめたと銭谷は思った。そこで役小角による大峯山の由来とその歴史を語りきかせて登山を諦めさせた。ただし、女次郎長は、女人解禁のあかつきには自分が一番乗りをすると約束させた証文を、当時の区長であった太田辰造以下数名を立会人にして取った。さらに、区長の家に代々伝わる役小角の立像を貰《もら》い受けて、女人禁制が解かれて証文の内容が実現した時にはこの像を必ず返して、証文は焼き捨てると約束して持ち帰ったという。また、それまでの間、もし他の女性が禁制突破を試みたら、自分がこれを阻止するという申し出までした。

登山ブーム

昭和三十一年（一九五六）七月二日には、東京都千代田区神田三崎町にあった「登山とスキー普及会」会長の山本偖《さとし》（当時四十歳）が、全日本山岳連盟理事長の高橋定昌の「今どき女性の登れぬ山があるとは不都合」との発言に呼応し、会員の石田淑子（当時二十三歳）と羽太伊都子（当時二十一歳）という若い女性を連れて洞川にやってきた。当時、ヒマラヤのマナスル登山に向かった日本隊が山麓のサマ集落で、山の神の怒りを招くとされて登山を拒否されたが、ようやく許可が下りたときであり、これを引き合いに出して女性のスポーツ登山を認めるように要求した。女人禁制は人権無視であり、憲法に保障された自由平等を認めよ、というのである。この行動は事前に山本の主宰する会で発行する豆新聞『登山とスキー』で予告され、『毎日新聞』（一九五六年六月二十四日付）にも掲載された。洞川ではこれを迎え撃って、洞川区長の奥村光吉、龍泉寺住職の岡田宥秀、喜蔵院住職の中井禅隆以下の護持院代表が会見した。この時には、奈良県の観光課長も加わっているのが変化といえる。話し合いでは大峯山は修行の山であることを盾にあくまで登山を拒否して断念させたが、山本の意図は売名にあったので十分に意図は果たされた。山本は七月二十二日に再び女性三人を含む総勢一六名で、川上村高原からの登頂を試みたが、洞川から約二〇〇名と多数の登拝者が総出で七合目付近（五番関下の池の谷）で阻止した。高原の青年団が地元を新たな登山口として売り出すために山本を手引きしたのであり、観光の振興も絡んでいた。そして、銭谷も山本を洞川に連れ込んで地元の宣伝に活用したという。山本は自分の会の豆新聞が飛ぶように売れて満足だったらしい。登山ブームが到来して、観光登山が視野に入り、双方ともに経済的な利益を得ようとする側面があり、観光が地元にとって大きな比重を占めるようになった状況がうかがえる。

地元の人々の意見

女人結界を突破しようとする出来事にかかわる言説や行動を通して、地元の人々の主張をいくつかに整理することができる。その第一は大峯山の女人禁制は女性差別や女性蔑視ではなく信仰や伝統にかかわる慣行であるという観点である。キリスト教の修道院と同様に、大峯山は修行の道場であり、「女性のいないところで男性だけが修行する精神修養の場所である」という主張が基本にある。もし、女性の修行の場であれば男子禁制になり、尼寺や女性修道院はその例である。男性は大峯山で修行して、煩悩《ぼんのう》に由来する欲望や迷いを断ち切り解《げ》脱《だつ》に到ることを目標とするが、その場合には色欲を断つ必要があり、修行場である山への女性の立入りを禁じたのだと銭谷は主張する。この主張は仏教的解釈で、信仰による修行を第一義とし、宗教的行為を支える絶対条件、戒律に根ざす規則に基づくという考え方である。

第二は禁制の支持は地元の人々よりも信者の意向であり、その大半が維持を望んでいるということである。「現在、大峰山の信者さんは何十万人もいます。その信者さんのほとんどが、山の開放には反対ですね。『女性に山を開放することは絶対にあかん。そんなことをしたら大峰山も大峰山の宗教も滅亡する』と言っています」という。山上ヶ岳の大峯山寺の運営は五つの仏教寺院の護持院だけでなく、地元の洞川区と吉野区、それに大阪と堺の役講という三つの勢力が協議して運営されている。特に膨大な信者を抱える講が大きな発言力を持っている。信者あっての地元であり、信者は「お客さん」として地元の生きていく基盤であり、その意向に逆らってまで地元から開放を言い出すことはない。

第三は信仰と経済の問題で、大峯山は「信仰の山」であって、女人禁制を解けば「一般の山」になってしまう。観光客は増えるかもしれないが、信者は来なくなり寺院はやっていかれなくなって、洞川は経済的に疲弊する。観光よりも信仰に生きたいというのが地元の願いである。女人禁制が将来も維持されるか予測が立たないこともあるが、現在のところ、山上ヶ岳は大峯山寺が八合目以上を所有し、行場は境内地なので女人禁制を支える法的基盤はあり継続できるであろうという。大峯山は吉野と洞川が主たる登山口であるが、明治以降は洞川の勢力が拡大して独占状態となり、地元の経済は開山期の登拝者の旅館への宿泊を頼りにしている。信仰と観光による収入は生活の糧なのである。多くの世帯は山林を利用した林業に携わっているが、先細りの感があり将来性に乏しい。

第四は終戦直後は民主主義や自由平等の思想が流行のように広がり、従来の秩序へ挑戦して禁忌を覆そうとする動きが顕著だったことである。山上ヶ岳と同様に女人禁制を守る岡山県英田郡東粟倉村（現・美作市）の後山《うしろやま》でも昭和二十一年八月六日に、津山高等女学校の女子生徒一三人と女性教諭二人に新聞記者が同行して奥の院に登ったことがあった（『朝日新聞』一九四六年八月九日付）。その中には男性主導の動きも多く、女性や報道陣はこれに従う傾向があり、マスコミを利用する動きも目立つ。女性は道具に使われ主体となることは少なかったという印象も受ける。そうした外部からの働きかけに対して、後述するように、稲村ヶ岳を「女人大峯」にするとか、七尾山を女人道場として開くといった動きが、女性の中から生まれてくる。

第五は日本でただ一ヵ所の女人禁制の山を将来にも残したいという強い意志である。唯一という貴重さにこだわり（後山は女人禁制だが知名度は低い）、歴史を守り伝統を維持することに誇りを持って生きていこうとする。禁制の論理は現在でも徹底しており、大峯山寺の解体修理（昭和五十八年～六十一年）の時に、ヘリコプターが落ちて男性が二人亡くなり、遺族の女性が現場に入って花束を捧げたいと言った時にも遠慮してもらい、さらにヘリコプターからの献花の投下の申し出も許可しなかったという。しかし、こうした強気の態度はうがって考えれば、「そっとしておいてほしい」という本音の顕れなのかもしれない。

「伝統」の発見

女人禁制が再検討される時期は、外部の社会状況や働きかけと密接に連動している。明治五年（一八七二）は京都での博覧会、昭和七年（一九三二）は国立公園の候補地に決定、昭和十一年は国立公園の指定、昭和二十年の日本の敗戦、昭和三十一年のヒマラヤのマナスル登山、昭和四十五年の万国博覧会などである。そして今回の平成十二年（二〇〇〇）は役行者千三百年御遠忌にかかわっていた。博覧会の開催や国立公園の指定、国家観の変革、近代登山など外部からの動きがいわゆる「伝統」の見直しを要請し、微妙にその内容を変えていくという現象が起こってきている。近代の制度や思想、イベントの介入によって、「伝統」

が問いかけられ、それに応じて「伝統」を強化したり変更を加えたりする。言い換えれば「伝統」が発見されていくのである。戦後になって、民主主義の思想が導入され、自由平等や基本的人権、信仰の自由などの言説が援用されるようになる。その時に焦点となるのは信仰であり、地元や役講はそれを支えることで相互の関係を安定的に保つとともに、経済的安定も確保されると考えた。ここには観光という近代の運動が地元の生活を支えるという入り組んだ仕組みもある。信仰という概念も近代の言説で、かつては生活の中に埋め込まれていた名付け得ぬものを「信仰」として発見し、近代への対抗言説としたといってもよいのである。しかし、高度経済成長以後は、信仰にかかわる言説に揺らぎが生じ、広く社会問題として、人権思想やフェミニズムの立場からの批判への応答が要請されている。

女人解禁への動き

龍泉寺の女人解禁

洞川の龍泉寺は大峯山寺の護持院の一つで、昭和三十五年（一九六〇）までは女人禁制の寺であった。役小角（役行者）が山中で修行の折に洞川に下って泉を発見し、そのほとりに八大龍王を祀り、大峯一山の総鎮守としたのが始まりとされる（図9）。寺名も龍と泉に由来する。その後、修験道の中興の祖とされる聖宝《しょうぼう》（理《り》源《げん》大師）が再興して、根本道場となったとされる。もともとは洞川の檀那寺で、現在もその機能は継続しているが、八大龍王の信者を核とする龍王講を主体に登拝講の組織化を行って勢力を拡大した。明治十九年（一八八六）五月以降、護持院に加えられて地位が確立し、明治四十三年六月に真言宗醍醐寺派総本山の三宝院末となって当山派修験に包摂された。昭和十六年には別格本山に格上げされている。本堂の本尊は弥勒菩薩《みろくぼさつ》で、理源大師聖宝、役小角、弘法大師空海、不動明王を祀り、八大龍王堂、神聖殿（登拝講先達《せんだつ》や地元檀家の諸精霊を安置）、龍《たつ》の口（役小角発見の泉）、柴《さい》燈護摩《とうごま》道場、水行場《すいぎょうば》がある。ここは大峯山の一部とされて「大峯山内道場」と呼ばれた。上手に「蟷螂《とうろう》の岩屋」という役小角が大蛇を閉じ込めたとされる洞窟があり、大峯の第一の行場として女人禁制であった。

　こうした状況を大きく変えるきっかけは、昭和二十一年（一九四六）三月三十一日の洞川の大火事で、当時の家の屋根が杉皮葺《ぶ》きであったために、寺にも飛び火して本堂や庫裏《くり》など大半を焼失した。再建にあたって、地元の檀家や地方信徒からの寄進を集め、洞川の女性や講中の女性にも協力してもらった。そこで檀家の半分が女性であり、再建の協力の苦労に報いるためもあって、落慶《らっけい》の祝いも兼ねて女性にも境内を開放したらどうかという声があがった。洞川の人々は檀家であったが、女性は参詣や先祖供養の法事でも境内に入れず、本堂での法要に参加できなかった。門前の道を通行することも禁じられていたので、女性は寺の前の往来にあたっては、裏山に分け入って通行するので不便という意見も出た。さらに、龍泉寺は明治時代に八大龍王の信者を組織して寺直属の龍王講を発足させ、その信者に女性が増加しつつあるのに境内に参詣できないのはおかしいという意見も多かった。また、稲村ヶ岳

図9　龍泉寺

を女性に開放する計画が進み、龍泉寺が女性行者に先達免許状を出すことを決めたが、これは境内への立入りを認めないと不可能であった。こうしたさまざまな問題があって、禁制の解除に動いたのである。昭和三十二年（一九五七）にはすでに洞川内に「大峯山女人解禁期成同盟会」が結成され動きは進んでいた。

龍泉寺の問題は洞川のことなので区内で相談して開放を決め、大峯山寺関係者に協議を申し入れ、その結果、山麓にあることと、檀家の半分は女性であることを考慮し、大峯山と龍泉寺は同様には考えないという条件付きで許可を得た。そこで、昭和三十五年（一九六〇）七月八日に落慶法要を行い、七月十日から境内地の女人禁制を解いた。当時の『毎日新聞』（七月十一日付）によると、「『従是不許入女人』の石標の前に約二百人が参列し、龍泉寺住職の岡田戒玉が女人開放の祭文《さいもん》を読み上げたあと、護摩刀で入口のテープを切り、女性信徒を導いて本堂に参入、本尊の弥勒菩薩に女性開放を報告、焼香した」とある。女性信徒は二〇〇人ほどで、昭和二十三年に女人結界突破を試みた女次郎長も参列し、テープが切られた後に、先陣を切って石段を登って本堂で礼拝したという。しかし、区長から預かった役小角像は、山上ヶ岳の女人禁制が解かれるまでは返却しないとのことであった。

安永九年（一七八〇）銘の結界石は、赤白の綱で引き倒して、山門の右脇から境内の一角に移されて花を供えた。花火があがり薬玉《くすだま》が割れて「祝女人解禁」という垂れ幕が下がった。しかし、この時も男衆はほとんど手伝わず、女性が主体であり、住職は後で多くの男性たちから、女人禁制の解禁や、結界石の移動に関して非難を受けた。女人禁制の思想はきわめて強固に残っていたのである。

昭和三十九年（一九六四）には、境内の一部を削って湧き水を引き、女性専用の水行場である「龍王の滝」を作って、八月二十二日に滝開きを行い、二〇〇人の女性が集まった。この時に一番乗りをしたのは、昭和三十年（一九五五）に稲村ヶ岳に登って、女人解禁への先鞭をつけた酒井秀子であったという。女性に対しての寛容な姿勢が示されている。

「女人大峯」

山上ヶ岳の西側にある稲村ヶ岳は、現在では女性も登れる山「女人大峯《にょにんおおみね》」として知られている。ここは明確に女人禁制とされていたわけではないが、山上ヶ岳とは峰続きであったため、女性は登らなかった。しかし、昭和十五年（一九四〇）に奈良県教育界の有力者であった奥村鶴松が桜井高女の学生を連れて登って以来、やや緩和の兆しが見えた。本格的な解禁の先鞭をつけたのは、昭和三十年に死を覚悟して稲村ヶ岳の大日山に至って、霊的体験を得た酒井秀子である。ただし、稲村ヶ岳の解禁は戦後の度重なる女人結界突破の試みへの地元の対応策戦略でもあった。吉野では東南院（金峯山修験本宗）の初代管長の五條覚澄が、昭和二十五年（一九五〇）十一月十九日に、山上ヶ岳の裏行場にならって蔵王堂の西の地獄谷に女人行場を整備して開いた。これに対抗して女性行者を引き寄せるために、洞川や龍泉寺は「女人大峯」の設定を考え始めた。かくして、昭和三十五年の龍泉寺の境内開放と同時に稲村ヶ岳の女人禁制を正式に解き、登拝する女性修行者に対しては、龍泉寺が「稲村ヶ岳女人道場修行」という女先達免許状を出すようになった。この点に関して役講からの反対はなかったという。女性行者は自らの正当性を龍泉寺の名のもとに保証され、稲村ヶ岳は男女共に登れる修行の山となり、山上ヶ岳に登れない女性たちのために、代替の場を提供するだけでなく、独自の行場としての地位を確立した。現在では夫婦で大峯山登拝に洞川にやってきて、夫は山上ヶ岳に登り、妻は稲村ヶ岳に登って、下山して一緒に帰るという修行形態も現れた。先鞭をつけた酒井秀子は「八大教」の教主となって、この運動を支えた。

八大教については、昭和六十二年（一九八七）に伊東早苗が教主との面談で得た資料を参照して、概要を記しておく（伊東、一九八八）。酒井秀子は明治四十三年（一九一〇）に大阪府西成郡勝間村（現・大阪市）に生まれた。酒井家は山上講（大峯登拝講）の講元を祖父の代から務め、父の秀吉《ひできち》は料理店経営のかたわら歴代の醍醐寺三宝院門跡《もんぜき》の花供《はなく》の峯入りに参加するなど熱心な信者であった。父は子供ができなかったので、稲村ヶ岳北方の大日山で子授けの願を大日如来にかけ、尊像を独力で運び上げた。そのかいあってか三十代半ばに秀子を授かり、この子は幼少から大日如来の申し子とされた。利発な子供で四歳から日本舞踊を習い宝塚歌劇への入団を夢見た。ミッション・スクールのプール女学院に入学して、真珠のネックレスをして歩いたというモダン・ガールであったという。父に連れられて、幼少のころから洞川に来て宿まで同行した。母のたねは龍泉寺の八大龍王の熱心な信者で、神がかりによって神通力を獲得し、多くの信者が集まるようになっていた。周囲の雰囲気は信仰心に溢れていたが、自分は深い信仰を持っていたわけではなかったという。昭和八年に父が死亡し、御骨は山上ヶ岳に埋葬された。これ以後母からの信者の離反が始まった。

霊的体験

酒井秀子の本格的な活動は戦後に始まる。昭和三十年、四十五歳の時に、自分の信仰を建て直す必要に迫られ、当時は道がついていなかった大日山に一人で登拝を試みた。自分が大日如来の申し子であるかどうか確かめたいと思ったからであるという。正式に女性が登れる山ではなかったので、洞川を昼過ぎに出て、難行苦行のすえ岩峰の大日山へ登りきると、暗闇の中で父が献納した大日如来の祠を発見して感激した。般若心経を一心に唱え、申し子の証を見せてくれと念願し、命も捧げる覚悟だった。すると、「彼女のまわりにみるまに黒煙

図10　八大教教主の墓

がもうもうと立ちこめた。恐怖におののいた彼女は一心に祈り続け、八時から九時の間に下山させてくれるよう念じた。しばらくして気がついて顔を上げると、あたりはもう暗くなっていた。求めていた証を得たと確信した彼女は足取りも軽く山を下り、午後八時四十分、洞川に下山したが、途中どこからともなく黒と茶の二匹のむく犬が、道案内にやってきたという」（伊東、一九八八、五〇ページ）。登山のことは一切伏せていたが、いつのまにか漏れてしまった。酒井親子の霊的体験によってしだいに信者が増加し、昭和三十四年（一九五九）に八大教として登録して、母たねは第一代教主となり秀子が補佐した。秀子の同居人の酒井宥性《ゆうせい》が勝山講の講元を兼ねた。秀子は先代の醍醐寺三宝院門跡とは知り合いで、龍泉寺の住職はその後を継いだので、部分的な女人禁制解除を画策していた龍泉寺や関係者には良い理由づけで、昭和三十五年七月十日の龍泉寺の境内開放の遠因となったという。昭和四十六年三月十五日に母たねが死亡し、遺髪は八大講役員の位牌とともに龍泉寺の祖霊殿に納められた。秀子は第二代教主となる。昭和六十一年（一九八六）六月には醍醐寺三宝院から修験道大僧正の

10)。現在の教団は大阪住吉を本部として活動している。七）八月三十日に享年八十七歳で亡くなり、八幡宮下の墓地に母と並んで葬られた（図位を授かり、法名を秀浄とした。これは女性初の快挙であった。秀子は平成九年（一九九

教団の実態として、昭和六十二年当時、信者数は一〇〇〇人程度と推定された。教義は大日如来の化身である八大龍王を主尊とし、教主の霊導による修験霊法を中心とする。八大教とは大日如来の光を八方へ広げることだという。自然との一体化によって人格が淘汰されていくことを重視する。講社も兼ねていることに見られるように、真言宗醍醐派に依存している。主要行事は正月、節分、盆、三ヵ月に一回の不動護摩、さらに八月第一週の土曜日に龍泉寺で柴燈護摩供《さいとうごまく》を行い、洞川に埋葬された教主の先祖の墓参りをする。翌日は深夜二時に出発して、山上ヶ岳か稲村ヶ岳に登拝する。女性は稲村ヶ岳に登り、山上辻の稲村小屋の上部にある急峻な大日山への登拝を組み込んでいる。修行には、血穢や死穢の場合は参加できないという。月経期間中、出産後一年間、親類縁者死亡時は三ヵ月、近親者死亡時後一年間は、山に入れない。この禁忌を犯すと山中で事故に遭うと信じられている。女人禁制についての意見は、「山上ヶ岳は理屈からいえば女性にも開放するべきだが、実際問題として女性には体力的に無理だ」とのことであった。この点については、伊東早苗も疑問を投げかけているように、血穢の重視からみて、従来通りの女人禁制を支持する立場のようである。原体験となった昭和三十年の稲村ヶ岳への登拝は、禁制を侵すという意識よりも自己の生き方を問い直すという個人の意思に基づいている。稲村ヶ岳への登拝は教主の意図とは別に一人歩

きし、龍泉寺側の思惑もからんで、女性の登拝行として定着した。これも、山上ヶ岳の女人禁制を契機に、女性側が新たに生成した修行となった。

林間学校の問題

「女人大峯」は近年になって別の観点から問題になった。それは大阪府の市立中学校である住道・南郷・大東の三校が大峯山を林間学校とし、六月から七月にかけて二泊三日の日程で、同じ宿舎に泊まりながら、男子は山上ヶ岳、女子は稲村ヶ岳への登山を続けていたことである。平成四年（一九九二）九月十一日付の『毎日新聞』（大阪）の報道によれば、親たちの間から「女人禁制の場所をわざわざ選ぶのはおかしい」という声があがり、事前に市教育委員会に申し入れていたが実施されたという。これに対しては、男女平等を否定して、女性差別を体験的に容認させるものだという抗議が寄せられた。人権団体からの公開質問状が大阪府教育委員会と大東市教育委員会に提出されて見解が求められ、府側は問題点を認めたが、市側は消極的であった。大東市の教育長は大峯山登山の「歴史性・地域性」に配慮して対応すると回答した。洞川は標高約八〇〇メートルにあり、夏は涼しく「関西の軽井沢」として、林間学校や避暑客の誘致に努めてきた。洞川の林間学校は昭和三十年代以降に盛んになり、洞川観光協会の調べでは、昭和三十五年（一九六〇）の場合、観光客数四万二一三七人のうち五八八二人、昭和五十九年は観光客数七万九九五六人のうち二万一三一一人で約二七％と割合は高い。昭和五十九年の林間学校数は九〇校であった。ただし、林間学校のすべてが男女別登山を続けてきたわけではなく、最近では登山を控えるようになっているという。

林間学校の登山の背景には、近世以来継続してきた民俗慣行がある。関西では、江戸時代の半ばから、男子が数えで十五歳になると、山上ヶ岳に登って修行する山上参り（山上詣）の習俗が根付いた。男子が一人前になるための試練で、成年式（イニシエーション initiation）としての機能があった。これを支えていたのが大阪や堺を基盤とする役講であり、行者講という形で大峯信仰を維持し、世代をへて受け継がれてきた。近代化の中で、学校制度が整えられ、この慣行が林間学校として公の義務教育に取り入れられた時に、男女平等の思想との摺りあわせが要請され、男女別々の山に登るという解決方法での定着化をもたらした。戦前ならばこの制度は容認されても、戦後の権利意識の高まりや差別の意識化の中では問題となる要素を含んでいたと言わざるを得ない。ただし、女人大峯の登拝も昭和三十五年以降に作り出された新しい民俗であり、その形成過程を冷静に見極めるべきである。民俗は時代に合わせて微妙に変化する必要に迫られるのであり、その際に生じる近代と民俗の新たな出会いが人々の意識を変えていくという側面を見逃してはならない。

新宗教の参入

洞川の母公《ははこ》堂《どう》の西に七尾山という標高八六五メートルの岩山が聳えている。頂上には「蛇《じゃ》之《の》倉《くら》」という洞窟があり（図11）、役小角が蟷螂《とうろう》の岩屋に住む雌雄の大蛇を追い出した時、一匹は退治したが、もう一匹はここに逃げ込んだので封じ込めたとされ人々は近づかなかった。しかし、昭和二十七年（一九五二）に洞川在住の山口神直《しんちょく》が霊感を得て、ここを万人に開いて修行の場とするようにという託宣が下った。そこで山口は親類などの力を借りて山頂までの道を整備し、洞窟に摩王大霊大権現を祀った。大蛇は長姫《ながひめ》龍神として崇《あが》められるようになった。その後、女性行者を中心にして信仰を集め、神命講という講をつくって活動していたが、昭和三十八年に宗教法人「修験節律根本道場」を設立して山口が教祖となり、教団はその後も順調に発展を遂げてきた。「節律」とは当初は女性行者が多く、女人道場として喧伝されたので、女性が節操を律するという意味で、教団名に入れたのだという。教団の総本山は開祖となった山口家が経営していた「嫁ヶ茶屋」があった所にある。

この教団に関しては、伊東早苗の報告を参照し、あわせて自分の見聞を加えたい。山口神直は本名を神酒夫《みきお》といい、昭和三年に洞川の山口家の次男として生まれた。山口家は嫁ヶ茶屋や蟷螂の岩屋を管理経営していたが、講社がバスを利用して素通りするようになりしだいに寂れてしまった。神直は龍泉寺の八大龍王堂での出征兵士の復員祈願に必ず出席するなど信仰熱心な若者で、はじめは医者を志したが、身体の病気を治すだけでは人は救えないと実感して、一人で蛇之倉に籠って修行中に霊感が下った。それによると蛇之倉は役小角が八大龍王の一つの神光成龍神とともに三年間籠って修行を行い、人間の邪心を封じ込めた場所で、蛇は実は「邪」であるという。摩王大霊大権現の厳命により、龍神を守り神として封鎖され、後世の人々は誤解して蛇が住むと考え、蛇之倉と呼んで恐れるようになった。山口は

図11　蛇之倉（昭和63年）

山梨県の瑞牆山《みずがきやま》や金峯山《きんぷさん》、富士山や甲斐駒ヶ岳などの山岳で修行を積み、霊能を感得した。

現在、山麓の本堂に摩王大霊大権現、慈母観世音大菩薩、役行者神変大菩薩、大日大聖不動明王、八天空大霊神、日光地蔵大菩薩を祀り、護摩壇と水行場がある。奥の院までの急な坂の途中に金光龍神、長姫龍神、白仙香翁大神を、神木の根元に白髭《しらひげ》大神《おおかみ》を祀る。平成六年（一九九四）五月三日には孔雀明王尊を奥の院下の広場に祀った。奥の院へは四七段の鉄梯子を登ると到達し、内部には約二メートルの自然石があり、地球上の万物万霊の創造守護神とされる摩王大霊大権現が顕現しているという。脇には神水が供えられている。教祖によれば、この石は一〇億年前に海底から神の意志で隆起したとされる。信者は教祖を諸神と交流できる唯一の人間として、自分たちの行いの手本とする。

年中行事は、一月一日に年始拝賀式、二月三日に星厄払護摩《ほしやくばらいごま》、五月三日は戸開錠式、九月二十三日は戸閉錠式と行場御浄め式《ぎょうばおきよめしき》を行う。七尾山が開かれているのは、山上ヶ岳と同様に五月三日から九月二十三日までである。洞川行者祭の二日目の八月三日には、御聖火祭と称して柴燈護摩供を行う。正午過ぎに大峯山寺で焚かれた護摩の火を、松明に点して持ち帰り、母公堂で教団の男性信徒から選ばれた御聖火守護司《ごせいかしゅごつかさ》と準守護司に渡される。火は七尾山の本堂に納められて柴燈護摩供に用いる。火は二人の司と二〇〇名ほどの信者たちに警護されて街中を行進し、龍泉寺の境内で再び柴燈護摩供に用いる。このように、地域の行事や大峯山の戸開式・戸閉式と連動し、共存共栄していこうという姿勢があるといえる。

穢れ観念の排除

この教団で興味深いのは、女性信者が月経中でも七尾山に登れることである。ただし、信者は自分の判断で、月経時には榊や塩を持って登る者もいるという。設立当初から山上ヶ岳の女人禁制を意識して、行場を持たない女性行者を取り込む意図があったので、女性を穢れたものと見ず、血の穢れの観念を排除している。教団側の女人禁制についての見方は、「役小角は深い平等意識に根ざす信仰心を持って、大峯山で修行をなされた方である。その彼が女性差別で大峯山を女人禁制にしたわけはない。そもそも大峯山における修行は、男性が女性を見て起こる心の不浄を正すため、また、男性が女性のいない世界を体験することによって、普段の自分のおごりや非力を悟るためにあるのである。だから女性がそのような修行の場に入るということは本末転倒であって、神さまの意図にもそむくものである」（伊東、一九八八、四七ページ）とする。男性の心の不浄を正す修行は、女性を遠ざけることで可能になるという戒律論も組み込んだ論理である。女性の穢れを認めず、月経に対する寛容さがあり、「節律」という女性の倫理を意識した教団名をつけ、本堂前に「女人修験節律根本道場」の標柱を据えるなど、周到な形で差別を打ち消す論理を組み込んでいる。長年暮らしてきた洞川の中で得た独自の発想を含んでおり、女人禁制の山上ヶ岳を中心とする修験道への対抗と共生をともに求めている。女性行者を引き寄せる「女人大峯」とは異なる論理を使うが、相互に影響しつつ展開したのであろう。この教団は護神会を組織して近畿・北陸・中部・四国・東京に支部があり、日本テレパシー研究所や全日本神霊波研究所を主宰するなど地域の枠を抜け出す交流ネットワークを持ち、外の信者を取り込んで洞川に独自の地位を築き上げた。この運動は、蛇之倉を悪所から拝所に逆転したように、修験道の教義を反転しつつ、護摩の火という共通の象徴を戦略的に使って祭を通して宥和するなど、極めて柔軟な形で既成の慣行と折り合いをつけようと試みる。そこに民衆の想像力としたたかさを読み取ることもできよう。

修験教団の動き

聖護院の深仙灌頂《じんぜんかんじょう》（図12）が昭和五十六年（一九八一）九月五日に前鬼《ぜんき》で行われたが、こ

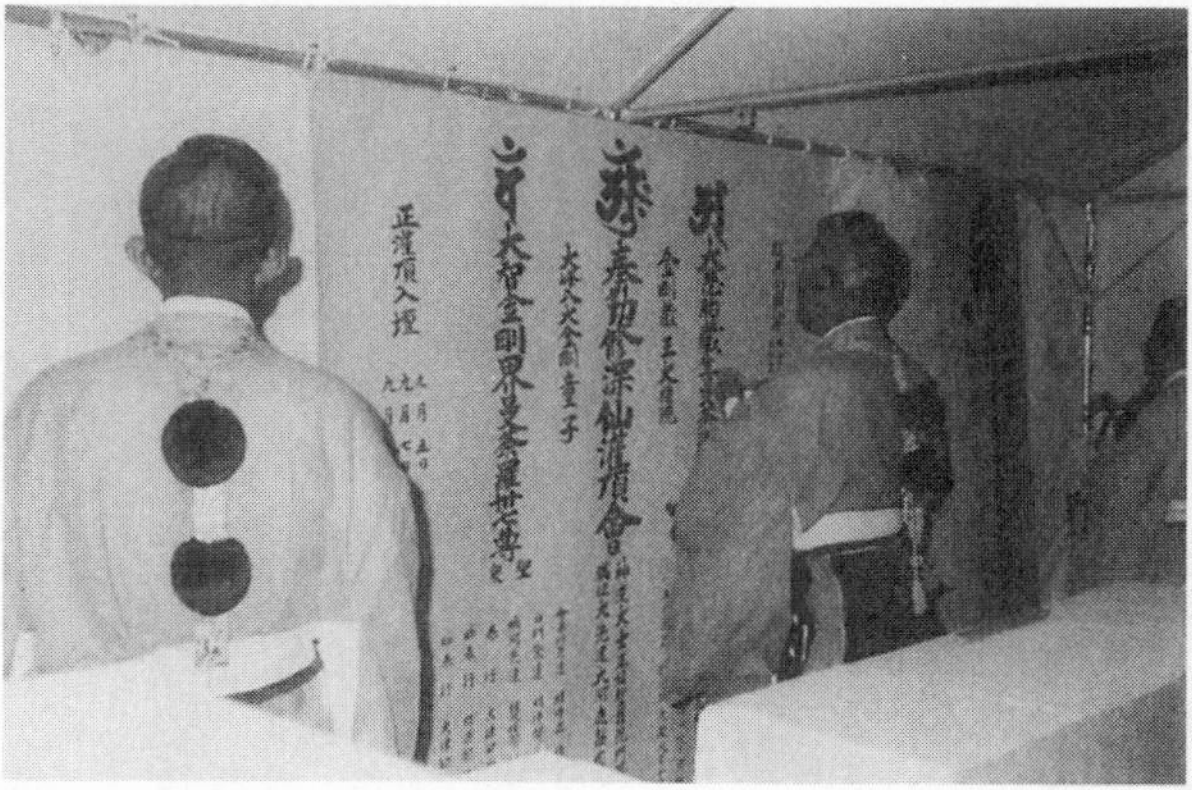

図12　深仙灌頂（昭和56年）

の時、史上はじめて女性信徒の受法が許された。受法者四〇八名のうち女性は六五名であった。深仙灌頂は血脈《けちみゃく》継承と法流《ほうりゅう》伝授の意味から宗派最大の行事で、昭和四十年以来の開壇であった。山上ヶ岳は解禁されなかったが、女性は吉野から入って五番関で下り、前鬼で合流したのである。峯入りも、東南院の場合、前鬼以南の南奥駈けには女性の参加が可能で、沖縄の霊能者のユタや都市の拝み屋も参加している。このように徐々に動きが出てきた。

　修験教団側では役行者（諡号《しごう》、神変大菩《しんぺんだいぼ》薩《さつ》）千三百年御遠忌にあたる平成十二年に記念行事執行を計画し、金峯山寺（金峯山修験本宗）、聖護院（本山修験宗）、醍醐寺（真言宗醍醐派修験）の三本山が大同団結して、平成八年（一九九六）の夏に「三本山御遠忌連絡会」が発足した。この会は合同の柴燈護摩《さいとうごま》供《く》や展覧会開催（「役行者と修験道の世界――山岳信仰の秘宝展」平成十一年。東京と大阪で開催）を立案し、平成十二年が西暦二〇〇〇年にあたるので、これを期しての女人解禁も提案された。御遠忌を契機に修験教団が団結し、二十一世紀を男女共生の時代と位置づけて新しい修験道の構築を目指すとした。女性信者の増加という実際的な理由があり、女人禁制は女性差別という批判への応答でもあった。この結果、護持院が協議し平成九年には信者への説明を試みて意見を求め、同年十月に解禁の報道も流れたが、十二月の信徒総会では信者や地元の反対は根強く、是非を巡って紛糾し結論は出なかった。

平成十年（一九九八）に入ると地元の危機意識が増大し、報道が先行してすでに解禁されたと思われるのは困るとして、同年四月十八日には枡谷源逸・洞川区長を先頭に地元の人々約一〇名が女人結界の五番関に集まり、「大峯山は今まで通り、女人禁制でございます」と書いた看板を建てた。しかし、平成十一年八月一日に、禁制に批判的な奈良県教職員組合の「男女共生教育研究推進委員会」所属の一〇人の女性教諭と、家族三人、合わせて一三人が、男性登山家八人の案内で、洞川からレンゲ辻を経て山上ヶ岳に登頂した。これに対して信者側からは修行の妨げになるという抗議が多くよせられた。東南院の五條良知副住職は協議の最中なのに、信仰とは関係ない「登山」という形で入山したことに困惑したと語った。喜蔵院の中井教善住職は「教育者が長い伝統のある禁制を一方的に破ったことに憤りを感じる。信者の中には熱心な女性信者もおり、その人たちに申し訳ない気持ちだ」と語った。結局、同年十一月十八日に組合の田中敦三委員長が記者会見し、「女人禁制は女性差別だが、やり方に問題があった」として関係者に謝罪した。これを受けて翌日、大峯山寺側の記者会見があり、「信仰者の心を踏みにじる、大変遺憾な行為である」と述べて、禁制を当面は堅持の方針を表明した。この事件がきっかけで、二〇〇〇年の女人禁制解禁は立ち消えとなった。実力行使に出たことがかえって逆効果となって、解禁への動きが中断したのである。平成十二年（二〇〇〇）八月二十七日に、「役行者千三百年御遠忌　大峯山寺三本山合同慶讃大法要」は、三本山の管長、修験者、信徒、役講など約一〇〇〇人が臨席し、大峯山寺本堂で女性の参加なしで執行された。今後しばらくは女人禁制が維持されることは確実である。

女人禁制の今後

女人禁制はさまざまな批判にさらされてきた。それはこの用語自体が差別という様相を当初から含み込んだ印づけがなされた概念だからである。フェミニズムやジェンダーの研究者にとっては格好の餌食であり、人権運動を進める人々にとっては打破すべき目標である。明治五年（一八七二）以前、日本の多くの霊山では女人禁制については、草創あるいは開山以来の決まりとされ、ほぼ自明視して疑うことは少なかった。この「はじまりの意識」は、神や仏との交流を支える根拠となってきた。女人結界という境界によって異界とのかかわりを明確に構築することが、自分たちの生き方を意味づけ安定させてきたのである。血穢を中心とする穢れの解釈や浄と不浄という二項対立を持ち込み、概念を操作したり客体化したりして世界を秩序化してきた。境界には多義的な意味が付与され、越境についてはさまざまな語りが生成され、能の「道成寺《どうじょうじ》」のように女人禁制の侵犯を主題とする芸能も演じられた。しかし、近代になって国家が直接的に民俗や慣習に介入する状況が起こり、禁忌に対して布告や法令という手段で開放を迫ることで状況は一変する。慣習の制度化、民俗の操作である。こうした外部からの働きかけは、宗教的次元と世俗的次元の分離も迫った。博覧会開催、イベント企画、国立公園化、文化財など、新しい仕組みや制度が確立され、これに危機意識をもった人々は、それへの対抗として伝統という概念を意識化した。さらにそこから「創られた伝統」も生み出される。熊野古道の世界遺産登録への働きかけは、大峯山の女人禁制が問題となった（二〇〇四年に「紀伊山地の霊場と参詣道」として登録）。歴史学や民俗学などの学問は、現在では女人禁制でもかつては違うとか、相撲や酒造りでは女人禁制でなかった事例を提示する。かくして、しきたりや慣習、現代風に言えば、ハビトゥス(habitus)、つまり経験に基づき諸個人の内に定着している知覚・思考・実践・行動を持続的に生み出す性向、が問いかけられ白日のもとにさらけだされる。近代の女人禁制にかかわる各地の事例はこうした動きに対応する個性溢れる試みであった。

西暦二〇〇〇年にあたって大峯山の女人禁制を解禁しようという修験教団の試みは挫折した。解禁は遠のいたが、現在の修験は多くの問題に直面しており、今後も議論は継続するであろう。平成十一年（一九九九）十月に吉野大峯林道が完成し、女人結界の五番関まで容易に入れるようになった。近年、登拝者の減少は著しく、信仰を支えてきた講集団も変貌し、信仰の個人化の傾向が強まっている。また、繰り返される女人禁制に対する批判に対して、伝統や信仰を持ち出すだけでは説得力に欠ける時代となった。国立公園の公共性に反するのではないか、女性差別である、男女平等にすべきである、などの意見への反論は難しい。教団側にとっても、時間にゆとりのある女性信者をひきつけたいという思惑があるし、女性行者は現実的にも増加しているという。女性は男性以上に信仰熱心である（図13）。地元にとっても、林業が先細りとなり過疎化が進み、開山時期が制限されているので信者に頼るだけでは収入は十分ではない。昭和五十八年（一九八三）に洞川に温泉が引かれたとはいえ効果

図13　男女の行者の水行

は大きくない。本当は観光客は季節を問わず男女を問わずやってくるのが望ましいのである。解禁反対論者の主張には、解禁すれば講社や信者はこなくなるという意見が多いが、実際には解禁してみなければわからないというのが本音であろう。ただし、修験の側には、女性差別という表現で表される人権意識よりも、山は修行の場であり、そこを特別な場として、山の尊厳を維持したいという強い思い入れがあり、女性信者も同様である。解禁すれば洞川は滅びるという地元の人もいる。心の内奥に入り込み、強引に踏みにじるような行動や思想の押し付けは避けるべきである。長い歴史の中で形成された伝統は、変わらないものではない。微妙なかたちで変わり続けているのが伝統なのである。近代の女人禁制にかかわる言説は、伝統が近代化の過程で発見されたものであることを如実にしめしている。そして、政治や社会や経済の変動の中で揺れ動く、伝統という概念への問いかけを通じて、人間の生き方の質を問うという課題が鋭く提起されているのである。この考察のためには、伝統が作り出された歴史的経緯を伝承と史料の両面から解き明かす必要がある。

歴史的に遡って、山での女人禁制を考える視点として、山と女性にかかわる伝承、女人結界の成立の理由、仏教の影響と浸透および受容、女性への穢れの属性の付与、という主題を設定し、以下の章では、順次これらを検討していくことにする。女人禁制をめぐる禁忌のあり方や、祭祀や仏事との関連を考えることは、外来の思想が及ぶ中で、その読み変えがどのように行われ、地域社会で受容され、意味づけられ、伝統を創造し変化させていくかを検討することであり、日本人の世界観や生き方の変遷を考えることにもなるといえる。

山と女性

山の伝承に見る女性像

吉野山の都藍尼

各地の山々には女人結界について、女性が結界を侵犯したために石や木になったり、天変地異が生じたという伝承が多く残されている。女人結界の意味づけを知るには、この伝承を検討して山と女性のあり方を考えておかなければならない。有名な事例は吉野山の都藍尼《とらんに》で、平安時代の大江匡房《おおえのまさふさ》撰『本朝神仙伝』には、同書に載せる唯一の女性の神仙《あやしきひじり》として、「都藍尼は、大和国の人なり。仏法を行ひて長生することを得たり。幾百年といふことを知らず。吉野山の麓に住みて、日に夜に精勤せり。金峯山《みたけ》に攀《よ》ぢ上《のぼ》らむと欲すれども、雷《らい》電霹靂《でんへきれき》して、遂に到るを得ず。此山、黄金《こがね》をもて地に敷けり。慈尊《じそん》の出世を待たむがために、金剛蔵王《こんごうざおう》守りたまふ。兼ねて戒《いましめ》の地として、女人を通《かよ》はしめざるが故なり。持てる所の杖は、変じて樹木となり、拘《かが》まる所の地は陥《おちい》りて水泉となりぬ。爪の跡猶《あとなほ》し存せり」とある。吉野山麓に住まいし、仏法を修行して不老長寿を得た都藍尼が、精勤のすえ自分の威力を頼んで、金峯山へ攀じ登ろうとしたが、天変地異を被りついに登れなかった。その跡が、今も樹、泉、岩に刻まれた爪跡として残るという。金峯山は弥勒（慈尊）下生《げしょう》を待って金剛蔵王が守っており、「戒の地」で、女人を通わせないとある。現在でも、吉野の桜は都藍尼の突いていた杖から咲いたという伝説が残る。『元亨釈書《げんこうしゃくしょ》』巻十八（願雑十三、尼女四）にも同様な記事があり、吉野山麓で修行した都藍比丘尼が「我れ女身たりと雖《いえど》も、浄戒・霊感、豈凡婦之比《あにぼんぷのひ》ならん哉」と女身でも、浄戒・霊感を持つので金峯山登拝を試みたら、雷に打たれて登れなくなったと山の霊験を伝える。都藍比丘尼は巫女の面影を宿し、次第に男性の修行者から排除された姿をとどめる。

一方、南北朝期成立という宝生院（真福寺）所蔵の文書『熊野三所権現金峯山金剛蔵王垂《すい》跡縁起幷《じゃくえんぎならびに》大峯修行伝記』（五来重編『修験道史料集〔Ⅱ〕』名著出版、一九八四年）には、動乱尼《どうらんに》が『大峯縁起』を奪い取り、その力で吉野山に登ろうと試みたが、地主神の金精《こんしょう》大明神が兵杖で追い返し、再度、傍《かたわ》らから登ろうとすると、山が崩れて死んだと記す。動乱尼は『大峯縁起』の力で入峯を果たそうとしたが、その僭越さゆえに罰せられたのである。『大峯縁起』は、役小角の母の出自である高賀茂《たかかも》氏の「命子《みょうし》」の家系に伝わり、是与氏の流の女に相伝されたという。是与氏とは『熊野権現御垂迹縁起』（長寛元年〔一一六三〕）記載の熊野権現を祀った猟師、千与定《ちよさだ》（『神道集』は千代包《ちよかね》、『諸神本懐集』は阿刀《あとう》の千世《ちよ》）の家系とされる。猟師は猪を追って山中に入り、大湯原《おおゆのはら》で死んだ猪を見つけて食べた後に、櫟《いちい》の木に熊野権現を発見して祀ったという。動乱尼は、役小角の三代目の弟子、義玄の姉とされ、修験と組む巫女《みこ》の様相を帯びる。阿部泰郎によれば、役小角の母に発する命子とは巫女であり

（阿部、一九八九）、真福寺本縁起には、熊野本宮の証誠殿回廊に「命子舞殿」があり、入峯行者に対して是与氏の流の命子が鬼神から守る神楽と祈禱を行ったとある。「命子」は対馬の巫女の名称の「命婦《みょうぶ》」とも近い。熊野本宮安置の『大峯縁起』が女系で受け継がれ、峯入りに際して披見され血脈《けちみゃく》相承の証となったとすれば、熊野信仰の中核は巫女が支えていたことになる。熊野は女人禁制ではない。熊野権現と蔵王権現の由来譚《ゆらいたん》には、山の神の祭祀を司った吉野と熊野の巫女の活動の影響がみられ、修験と巫女の密接な関係を思わせる。

各地の都藍尼

高野山では、『後宇多院高野御幸記』（『続群書類従』四上所収）の正和二年（一三一三）の記事に、「昔、都藍比丘尼、霊峰に詣《まい》らんと欲する也。鳴河《なるかわ》を越えずして、既に五障之《ごしょうの》拙《せつ》姿《し》を恥ず」とあり、吉野山と同じく都藍比丘尼が登ろうとしてきたが、鳴河という大門の近くに結界があって登れなかったという。五障の言及にあるように『法華経』などの女性の障りや蔑視を説く思想の混入がある。この記事は実際の法皇の行幸に合わせて語られたもので、登山中に雷電鳴り響く天変があり、その理由は行幸見物のために近隣の女性が男性の姿をして結界地を越えたという禁忌侵犯のためであると考え、女性を追払うと晴天となった。そこで改めて都藍比丘尼の故事を想い起こして霊地の効験《こうけん》に感嘆したということである。

白山《はくさん》にも同様の伝承があり、金子鶴村『白山遊覧図記』に引く『泰澄記《たいちょうき》』によれば、女性の名称は融《とおる》の婆《うば》、別称は融の尼である。融の婆は山麓の瀬戸に生まれ、鬼道を操り人を惑わす者であったが、美女を置いて酒屋を営み三年間で財をなした。白山の上で酒を売って富を増やそうとして、従者に酒甕《さかがめ》を持たせ登山した。檜新宮《ひのきしんぐう》を越えると山の神の叱り声が聞こえ、深い塹《ほり》（壕）が生じた。これが「小叱りばり《しょうしか》」で、臆せずに進むとまた叱り声が聞こえたが、地上に尿《ばり》をして神を辱《はずかし》めて進んだ。「大叱りばり《おおしか》」ができたが、さらに登ると美女は石と化した。融の婆がさらに進むと従者の酒甕が割れた。ここで神威に驚き下山しようとしたが、道に迷い毒気に包まれて石に化した。これが今でも残る美女石と婆石である。

越中立山《たてやま》の場合、『和漢三才図会』六八に記される止宇呂尼《とうろに》の記事が詳しい。これと同じ内容で、絵解きに使われた『立山手引草』によれば、若狭小浜《わかさおばま》の長良と呼ばれる女人が、女と童女を連れて立山に登り、女人結界を越えると、女は杉に、童女は禿杉《かむろ》に、尼は額に角をはやして石になり、今日では杉は美女杉、石は姥石《うばいし》と呼ばれている（林、一九八二）。美女杉は開山で狩人の佐伯有頼《さえきのありより》（または有若《ありわか》）を恋い慕う許婚《いいなずけ》の杉姫である、材木坂は登宇呂尼が跨いで石になった、尼が鏡を頂上に向けて投げて鏡石になった、など多くの伝説がある。この言説を肯定的に読めば、杉や石は神霊の宿る場所であり、山と里の境界を目に見える形の交流の場にしたともいえる。一方、『大山寺縁起《だいせんじえんぎ》』（応永五年〔一三九八〕奥書）によれば、伯耆大山《ほうきだいせん》では、猟師が狼を追いかけて山中に入り、矢をつがえると狼が老尼に変わり自らを登攬尼《とうらんに》と名乗ったという。ここでは尼は山の神の顕現である。

柳田国男は、各地の山岳の禁忌違反や開山伝承に登場するトウロニ、トウロ、トオル、トランニなどと名乗る各地の尼の名は、巫女を指す古代の一般名称と推定し、トラヒメ（虎姫）、虎御前《とらごぜん》など廻国の比丘尼と思われる名称も同系統とみた。各地の霊山の女人結界にある姥石、巫女石、比丘尼石の伝承は、巫女が結界石を祀る祭事の残存と考えた（柳田、一九九八a）。東北地方で大師の石像の傍らに祀られる「関《せき》の姥《うば》」は、道祖神《どうそじん》で咳《せき》の神様であるが、大師信仰を奉じた巫女が祀ったとする（柳田、一九九八d）。関と咳は音通で、境に祀られる姥神《うばがみ》である。また、ウバとは本来は権威ある女性の名前で（柳田、一九九九b）、巫女であったのではないかとも考える。姥神は安産祈願や子供の守り神として祀られるが、妖怪化すると謡曲の『山姥』のような鬼女となり人を食らう（柳田、一九九七b）。逆に金太郎の母のように山姥は子供を守り育てる母神や産神《うぶがみ》でもあり、母子神信仰の様相もある（柳田、一九九八c）。更に、姥神は仏教や地獄思想の影響で、三途川《さんずのかわ》にいて死者の着物を剝ぎ取る葬頭河婆《そうずかば》（三途川婆）、奪衣婆《だつえば》に変わる（柳田、一九九八b）。奪衣婆は『仏説地蔵菩薩発心因縁十王経』（十二世紀成立か）という日本で翻案した経典に説かれ（真鍋、一九六〇）、賽の河原という他界との境界で人々を救済する地蔵信仰の隆盛と共に広まった。

柳田の仮説は出産と葬送、生と死を司る女神の両義性とその担い手の巫女の諸相や境界性を明らかにした。姥神は山の女神で、巫女がそれに仕えて、姥神を山と里の境界に祀り、奪衣婆や山姥、母神、大師の母公《ははぎみ》、役小角の母にも変容する。その仏教化した姿が日本全国に散らばる大師信仰や熊野比丘尼の伝承となって定着したと推定した。日本で最初の出家者が女性の比丘尼であったように、巫女は早くから仏教の呪術的要素を受け入れ、出世間の越境者の尼を巫女的存在に重ね合わせた。トウロという名称の由来を「通る」と考えれば、霊界との交通、現世と他界の越境、女人結界を越えて往来する能力を持つ巫女の名称にふさわしいのである。

都藍尼の伝承には劣位に置かれる前の女性祭祀者や巫女の記憶が投影され、かつての霊性に満ちた姿を留める。山と里の境界は、力に満ちる緊張感を孕《はら》んだ霊的な場として、民間宗教者の活躍の舞台となった。特に湧き水が重要で、水を司る水分《みくまり》の山の祭祀は御子守《みこもり》に通じ、安産を願う女性とのつながりが深い。山と里の境界は、元来は樹木、岩、石などを通じて不可視の神霊と交流する祭場であり、その境界が女人結界に変容したともいえる。

高野山と弘法大師の母公

高野山では、空海が御遺告《ごゆいごう》で「女人に親近すべからず、（中略）僧房の内に入れ居《お》らしむべからず」と告げ、女人禁制は草創以来と観念されていた。吉野山と同様に都藍比丘尼の伝承も伝わるが、弘法大師の母公が女人結界を侵して登ろうと試みた伝承が残り、中世末期ごろに盛行を極めたという説経『苅萱《かるかや》』「高野巻」で説かれている。この物語は高野山往生院《おうじょういん》谷《だに》の苅萱堂（図14）の萱堂聖《かやどうひじり》や、橋本市学文路《かむろ》（禿《かむろ》）の仁徳寺（通称苅萱堂）を根拠地とする聖《ひじり》や遊行者《ゆぎょうしゃ》が説いたらしい。仁徳寺は元文五年（一七四〇）以後の名称で、それ以前は如意珠山能満院と称した。紀ノ川ぞいの渡船場近くに位置し、高野山への裏参道にあって多くの参詣者を集め、苅萱道心《どうしん》由緒の品々を祀り、有力な唱導《しょうどう》の地と思われる（元は阿弥陀堂ともいう）。現存最古の説経『苅萱』の正本（寛永八年（一六三一））によれば（『説経節』平凡社、一九七三年）、加藤左衛門尉繁氏《しげうじ》は、筑紫の武士であったが、世の愛憎を儚《はかな》んで出家・遁世して法然に師事して、後に高野山に登って苅萱道心となる。そこに妻の御台所《みだいどころ》が息子の石童丸《いしどうまる》とともに訪ねてきて女人禁制の山に登ろうとする。山麓の学文路の宿屋である玉屋の主人の与次は思い留まらせるために弘法大師の母にまつわる禁制の謂われをとく「高野巻」を語る。それによると大師の母は「あこう御前」で、大唐の御門《みかど》の姫であったが、「三国一の悪女」のために空舟《うつぼぶね》で流され、讃岐《さぬき》屏風ヶ浦の漁人「とうしん太夫」に拾われて下女となる。日輪の申し子として夫なくして金魚丸《きんぎょまる》を生み、ともに四国八十八番を順礼する。金魚丸は槙尾山の「くわらん和尚」に従い、御室《おむろ》で出家して空海となる。御前は年老いて尼公《あこう》となって高野山にやってくる。大師は制止するが母は子に会いたいと登り始める。天変地異が起こるが、登り続けて大師の敷いた袈裟を乗越えようとすると、八十三歳にも拘らず、月の障《さわ》りが始まり、それが芥子粒《けしつぶ》となって落ちると、袈裟は火炎となって天に上がり昇天する。大師の弔いで母は弥勒菩薩となって祀られる。「慈尊院《じそんいん》の寺に弥勒菩薩とお斎《いわ》いあって、官省符《かんしょうふ》二十村の氏神とお斎いあって御ざある」と神仏混淆の様相を説く。一方、御台所は大師の母でも登れなかった由来を聞き登山を断念し、代わりに子供の石童丸が登って、無明の橋の上で父の苅萱道心に会うが、道心は名乗らず探索の僧はすでに亡くなったと告げる。御台所は石童丸の帰りを待たずに山麓で亡くなる。石童丸も出家して高野山に登り苅萱道心に師事して修行するが、生涯にわたって親子名乗りはせず、道心は善光寺で往生を遂げる。女人禁制を主題とした哀切な物語である。なお、古浄瑠璃『弘法大師誕生記』では大師母公の名は「あこや御前」となっている。「高野巻」は都藍比丘尼の話と類似する女人結界の話で、『苅萱』ではそれを一歩進めて、開山の母でさえも登れないのに、一般の女性は登れるはずがないという形で女人結界の機能を強調する。説経は寺院側の働きかけの手段で、女人結界の禁忌を説いて、山の聖地性を高め、多くの参詣者を呼び寄せたのであろう。

仁徳寺は近くの宿屋の玉屋と共に苅萱にかかわる伝承を伝え、堂内には、苅萱道心像、その妻の千里《ちさと》御前《ごぜん》像、子供の石童丸、御前が持ちまわった人魚のミイラ（図15）と夜光《やこう》の玉（子安の玉、玉石）という霊石、法然より下賜の飛鉦鼓《とびかねこ》、玉屋主人（与次、与次兵衛）像、親子地蔵などを祀っていた。玉屋は説経『苅萱』に登場する古い家で（昭和二十三年まで遺存）、屋号のタマヤも霊性を帯び、千里御前の墓守で、巫覡《ふげき》の家筋の可能性もある。千里御前は霊石や人魚を持ち歩いたとされ、熊野比丘尼や八百比丘尼の伝承と類似して歩き巫女の面影を伝える。この伝承は『苅萱』の唱導とともに広まり、担い手は巫女や聖と推定され（五来、一九七五）、山上の苅萱堂の萱堂聖が、山麓の学文路の巫覡と組んで唱導活動を展開したかと思われる。このように女人禁制によって、修験と巫女という男女の組になる相補的形態が固定化され、時には相互に一体となって活動する方向が浮かび上がった。その根拠地は山麓の大師母公の廟、慈尊院であり、母公を巫祖《ふそ》的存在に祀り上げて漂泊・遍歴の遊行者を引き寄せた。説経師・六部《ろくぶ》・山伏・熊野比丘尼・盲法師・座頭《ざとう》・祭文語《さいもんがた》り・絵解《えとき》法師など

図14　高野山の苅萱堂

図15　人魚のミイラ（仁徳寺蔵）

多様な人々が関与したのであろう。

慈尊院の伝承

高野山に登る七口の登拝路のうち、紀ノ川沿いにある慈尊院（九度山町《くどやまちょう》）から雨引山、天野の東を経て大門に至る道は表参道として栄えて、現在でも文永・弘安の年号を持つ町石《ちょういし》（道標）が残り往時の様相を留める。慈尊院は大師の母を祀り、高野山に参詣できない女性の参詣者を集めたので女人高野といい、地名も弘法大師が母親に月に九度も会いにきたという伝承に因んで九度山と呼ばれている。寺の草創は伝承では弘仁七年（八一六）の高野山の開山時に遡り、山の事務機能を担った政所《まんどころ》の一画にあったとされる。その後は疲弊し、室町時代ころから復活を遂げた。弥勒堂を大師母公の廟とし、母公は死後に大師の加持《かじ》力で全身舎利《しゃり》の弥勒菩薩（慈尊）となって納まり、兜率天《とそつてん》からの弥勒下生《げしょう》を待つとして、参詣する女人の成仏や救済を唱導した。代々別当職を務めてきたのは、大師母公の母方にあたる阿刀《あとう》家の子孫で中橋家といい、そこに伝来する『弘法大師開山縁起』正徳五年（一七一五）本は「高野巻」と同様な女人禁制の伝承を伝えている（日野西、一九八九）。それによると、母親が山上の大師に会いたいと、矢立坂まで来ると俄《にわか》に雷が鳴り、地震が起こり、火の雨が降ってくる。驚いて大師が来て、女人と重罪の者は参れぬ霊地で、特に女人を禁ずるのは月水のためだとして止めようとした。しかし、母は通ろうとするので、袈裟を岩に掛け、この上を通れといい、越えようとすると、母は八十三歳にもかかわらず月の障りが始まり、袈裟は火に包まれて燃え上がり、岩は砕けて飛散して、血の池に沈んでしまったので、登山を断念した。「袈裟掛岩」「ねじ石」「押上げ石」（手跡あり）を置いて戒めとし、母公は尼となって慈尊院に住まわせた。往生の時に、大師の加持力で「全身を舎利となし参らせ、石の室におさめ、弥勒菩薩の下生を約せり」として、高野山は兜率天の内院、慈尊院を外院として女人成仏を願ったという。弘法大師という偉人の母親を聖化して山麓に祀り込め（弥勒堂は山上に向かって鎮座）、大師が山上に祀られてともに弥勒下生を待つ様相は、水辺の母神と山上の子神という母子神信仰の変異でもある。これが中世では高僧の母と稚児の伝承にも変わる。一方、「高野巻」は空舟で流された高貴の女御が日輪で孕んだ申し子として空海を生むという太陽感精《かんせい》神話である。その母親は玉依姫とされ、太陽で孕んで御子神《みこがみ》を生む話は『山城国風土記』逸文の賀茂の神話や対馬の天道《てんどう》信仰と同系統であり、広い民俗的基盤の上に成り立っている。

この縁起と類似する『比丘尼縁起』は、熊野比丘尼の由来を説く（萩原、一九八三）。冒頭で三国の比丘尼の創始を語り、日本では光明皇后《こうみょうこうごう》が出家して「とらん」と称し、その上﨟《じょうろう》女房たちが各地に行って伊勢比丘尼や熊野比丘尼になったと語る。一方、高野山登山を断念した大師母公は尼となって亡くなり、那智妙法山に祀られた。妙法山は北条時頼夫人と娘が尼となって中興し、新宮に参籠して神倉《かんのくら》山麓に妙心寺を建立した。ここは神倉本願たる比丘尼寺で熊野比丘尼の根拠地であり、その由来を説く勧進唱導に使われたらしい。那智妙法山阿弥陀寺も女人高野といわれた。「とらん」を日本の比丘尼の創始とする伝承は、吉野の都藍尼や大師母公の「あこう」と同様に、比丘尼の体裁での山での巫女の活躍を伝える。熊野比丘尼の起源伝承は、成仏や往生を唱導した女人高野の慈尊院や、巫女の面影を宿す千里御前を祀る仁徳寺が、巫女や聖の根拠地となった過程で生み出され、大師母公を遊行者の巫祖に祀り上げたのであろう。大師の母公の物語は巫祖神話として、廻国の熊野比丘尼の活動の正当性を保証する証となった。慈尊院と仁徳寺はともに渡船場という交通の要衝にあり、女人結界下の山麓の聖地として隆盛を極め、多くの参詣者を引き寄せた。

玉依姫の伝承

大師母公に巫女の一面があることは別の史料からも明らかである。大師母公の名は、説経『苅萱』では「あこう御前」、古浄瑠璃『弘法大師誕生記』では「あこや御前」、慈尊院『中橋家世系脈譜』では「世名ハ阿古屋姫《あこやひめ》、慈尊御前ト諡号《しごう》ス」とあり、いずれも中世において神霊との交渉能力を持つ女性名である。大師母公の出身は阿刀《あとう》家で、京都の東寺の俗別当にあたる執行職の任にあり、大師母公を祀る慈尊院の別当も阿刀氏である。東寺の阿刀家系譜によれば、母公を玉依姫とし、家の伝承としても巫女の系譜であるという自覚を持っていた（蓮生観善編『弘法大師伝』一九三一年）。阿刀真足の子供に阿古屋と綾の二子がおり、阿古屋は「玉依姫と云ふ。佐伯家に嫁し、佐伯直田公の妻となる」とあり、大師の母は玉依姫とされている。タマヨリという名称は神霊が憑依する意味で、明らかに巫女的存在であり、偉大な能力を持つ男性の生みの母は神霊と交流する特別な力を持つと信じられていたらしい。

阿刀家はもともと伏見稲荷の巫覡とも関連があったともいう。

四国遍路の札所、第十八番恩山寺（徳島県小松島市）にも玉依姫伝承は残っている。この寺は聖武天皇創建、行基の開基とされ、衆生の災厄を除く薬師如来を刻んで本尊に祀った。開基以来一〇〇年間は女人禁制であったが、弘法大師が滞在して修行を行っていたところ、大師母公の玉依御前が訪ねてきた。しかし、女人禁制なので嘆き悲しんだところ、大師は仁王門近くに護摩壇を作って祈禱し、七日間滝に打たれて修行をして、女人解禁の秘法を修めた。そこで大師は母公を迎え入れ、朝夕孝行を尽くしたという。大師母公は髪の毛を剃り出家して尼となり、これにちなんで山号を母養《ぼよう》山と改めた。母公の髪の毛は、剃髪所に納められ、母公を迎え入れた記念に植えたとされる唐木《とうぼく》の毘蘭樹《びらんじゅ》が境内に残る。この樹木はこの世とあの世の境界にたつ衣領樹《えりょうじゅ》の異称で寺院の他界性を示す。伝承ではあるが、大師自らが女人禁制を解除し、大師母公は境界を乗り越えた。おそらく四国遍路では、女人禁制は煩わしく、いつのまにか玉依御前に託して民俗の語りに溶け込ませて解消してしまったのであろう。

玉依姫は神統譜では、山幸彦《やまさちひこ》である火遠理命《ほおりのみこと》の妻の豊玉姫《とよたまひめ》が夫のもとを去って海中に戻った後に、地上に残された鵜茅葺不合命《うがやふきあえずのみこと》を養育するために遣《つか》わされた。後に鵜茅葺不合命と玉依姫との間に神武天皇が生まれ、天皇とは母子の関係となった。玉依姫は霊魂のより憑く女性という意味で、賀茂の巫女の名称であり、川を流れ下った丹塗矢《にぬりのや》（火雷神《ほのいかずちのかみ》）によって孕み、別雷神《わけいかずちのかみ》を生むという太陽感精の水辺の女神の性格も持つ。『苅萱』「高野巻」では大師の母公は「三国一の悪女」で「空舟《うつぼぶね》」に乗せて流されたが、太陽によって孕んで生んだ金魚丸が後に大師となったと両義性を帯びた形で語られる。これは、対馬の天道信仰、つまり空舟で漂いついた高貴の女御が太陽の光線で孕んで子供を産み、子供が奇瑞《きずい》を現して、山上に天道法師《てんどうほうし》として祀られ、山麓の水辺に母神を祀る形式と同様である。水辺の母神と山上の御子神という母子神信仰が女人禁制を利用しつつ読み変えたともいえる。

阿古屋

阿刀家の出身で「あこう御前」、阿古屋姫などと呼ばれ、一部には玉依姫とされる大師母公には、偉大な高僧の母を通常とは異なる霊能や越境能力を持つ者として祀り上げていった様相がうかがえる。玉依姫は吉野水分《みくまり》神社に祀られ、子守の神とされたように水の女神で安産の神でもあった。大師母公は巫女と女神の間を揺れ動く。慈尊院や仁徳寺は、山麓の参道沿いで、渡船場に立地しており、この境界の場所は、おそらくは大師信仰を奉じる巫覡《ふげき》の集結地であり、遊行者も集まり唱導の地として栄えたのであろう。河の渡し場という境界の地には芸能者も引き寄せられる。

アコヤの名称は修験の行場や山中にも残っている。たとえば、大峯山の山上ヶ岳の裏側には阿古谷《あこや》があり、『諸山縁起』（鎌倉時代前期）によれば、捨身《しゃしん》の谷で、元興寺《がんごうじ》の僧に仕えた童子であった阿古《あこ》が師の不当な取り扱いを恨んでこの谷に身を投げて龍となって師を害せんとしたが、菩薩の加護で石を崩して龍を押さえて難を逃れたという。後に観海法師がこの地を訪れて『法華経』を読誦《どくじゅ》し、その功力《くりき》で龍を救った。捨身という自己犠牲による神への転生の場は、怨恨をはらす悪所ともなる両義的な場であった。羽黒山の裏手の阿久谷《あくや》は開祖の能除太子《のうじょたいし》（蜂子皇子《はちこのおうじ》）が羽黒権現（本地・聖観音）に巡り合った霊地であるが、埋葬地の伝承もある。能除太子（能除仙）は参拂理大臣《みふりのおとど》ともいい（『羽黒山縁起』寛永二十一年〔一六四四〕写）身体を身震いさせる覡《かんなぎ》の様相を持つ開祖である。『梁塵秘抄《りょうじんひしょう》』には四句神歌「阿古也の聖が立てたりし千本の卒都婆」が載る。五来重は、アクヤやアコヤは死霊の籠る谷、悪谷や悪沢で、イヤ谷（弥谷《いや》）と同様に生者から嫌悪された風葬の場所と推定する（五来、一九七〇）。障礙《しょうげ》なすものが本堂の後戸《うしろど》や本社の裏手に集結し、死霊も含み込まれる。また、アコやアコヤは中世では巫覡の名称で（柳田、一九九七a。阿部、一九九八）、京都祇園社の神子の惣一《そういち》職に建武二年（一三三五）「阿古女《あこめ》」が任命されている（脇田、一九九九）。幸若舞の『景清《かげきよ》』では清水坂の遊女の名は阿古王で、悪女だが最後に仏法の力で解脱する。伊賀上野の天神祭供奉の能面に阿古父尉《あこぶじょう》（役行者、十六世紀）がある。一連の伝承は、アコヤやアコなどの巫覡がまつろわぬ在地の神霊を仏法に帰依させたり、土地の神霊を鎮圧して眷属《けんぞく》や守護霊に変える様相を語り、修験も関与した。修験は荒ぶる神霊を統御する力（験《げん》）を山で得て、里でその威力を示したのである。

高野山の開山伝承

各地の開山伝承には僧や高貴の者が山中で猟師に導かれて地主神や仏・菩薩に出会って帰《き》

依《え》し、山を霊地として開く伝承が多い。高野山の縁起はその典型であり、平安時代中期に遡る縁起類のうち、集大成かとされる仁海の『金剛峯寺建立修行縁起』に詳しく語られている（阿部、一九八二）。それによると、弘法大師が修行の霊地を求めて山に入り、途中で「南山犬飼」という猟師（獦者《かっしゃ》）と出会い、助けを得て山中に分け入り、次いで「山民」に会って高野の霊地に導かれる。山民は自らを「山王《さんのう》」と名乗って姿を隠す。大師は登拝を始めるにあたって、道の傍らの「山王丹生《にう》大明神」（天野宮）の社に宿った。そこの巫祝に託宣があり、「妾《せう》は神道に有りて、威福を望むこと久しき也。今、此処に到れるに、妾が幸ひ也。弟子、昔、人たりし時、食国王命《をすくにすめらみこと》、家地万許町を給ふ。南は海を限り、北は日本河を限り、東は大日本国《をほやまと》を限り、西は応神山谷を限る也。願はくは之を永世に献じて、方《まさ》に仰信情を表さむ云々」。山麓の地主神が仏法に帰依し、自己の領地である高野山の四至《しいし》を示して大師に譲り渡す託宣である。この神は天野に鎮座する女神の丹生都比売命《にうつひめのみこと》で（図16）、山中で出会った猟師の山民は高野明神（狩場明神）であった。丹生明神と高野明神の男女二神は高野山金剛峯寺の鎮守神として勧請される。その性格は水分神《みくまり》と狩猟神、山麓の女神と山中の男神で、女人結界の影響か男女神の山と里の棲み分けが見られる。しかし、記録上では水銀（丹《たん》砂《しゃ》）採取の人々の守護神と推定される丹生明神が先行し（寺川、一九九六）、山の根源的支配者は女神で、その意志を直接に伝えたのは巫覡であった。丹生明神は大師の弟子と称し仏教に帰依する。高野山が胎蔵界曼荼羅の八葉蓮華の峰に見立てられたのは根源の女性原理に由来するからであろう。その後、天野は中世には比丘尼が集まって別所を形成するが（無住

図16　天野社（丹生都比売神社）

図17　高野山の女人堂

『雑談集』巻六、『発心集』巻一、『西行物語』）、源流は丹生明神の託宣を伝えた巫女に遡る。山上伽藍の地に「山王」として明神社を勧請し、慈尊院の背後にも丹生・高野明神社（現在は丹生官省符神社《にうかんしょうぶ》）を祀る。開山伝承は山地民の信仰を踏まえた山の聖地化の様相を伝え、狩猟民から農耕民へという担い手の変化の上に、山の女神の信仰が仏教化した痕跡をとどめる。草創以来という女人結界も古来の禁忌の仏教化で、境界確定には山の女神と交流する巫覡が関与し、女人堂（図17）が境界に建てられていったのであろう。

境界の巫女

阿部泰郎は霊地の周縁や境界に巫女や比丘尼たちが恒常的に居続けることによって、中心にある霊地を支え生気あらしめるのだという（阿部、一九八九）。女人禁制の地として隔てられる山は、山の女神が差配するという複雑な構図によってさらに緊張感を生み出す。周縁の境界性を維持する巫女と、中心の支配的な力の源泉である女神は、女性原理という共通性から時には通底して入れ替わり、比丘尼が山の神ともなる。また、時には、女性が結界を侵犯して天変地異を引き起こすという語りで男女の隔たりを確認し、痕跡を石や木や、地名伝説として大地に刻印する。霊地から見る周縁と、世俗の場から見る周縁が交錯する場に女人結界が成立する。僧侶には禁忌の対象であった女性が、巫女として民衆の救済媒体となることは、入り組んだ構図によって可能になるのである。

中世では、しばしば「結界侵犯」という女性による禁忌違反の行為が芸能の世界に取り込まれた。能の『卒都婆小町《そとばこまち》』『苅萱』は高野山、『柏崎』は善光寺内陣、『鐘巻《かねまき》』は道成寺が舞台であり、いずれも女人禁制の侵犯を通して、神仏の聖性を高揚させ、霊験と加護を描き出す。浄に対する不浄として女性を際立たせて、女人禁制を乗り越える行為を芸能や託宣、霊夢や夢告《むこく》のような形で現出する。中世に流行した男装の女性による曲舞《くせまい》（白拍子《しらびょうし》舞が母体）は神仏との直接的な交流となり、時に「あそび」と称されて物狂《ものぐる》いを演じ、禁忌の遵守と侵犯の上で揺れ動く。演じることは人格を変換することであり、憑依による神がかりと通底し、境界を無化する効力があるのかもしれない。能はかつては女人禁制の芸事で、男性が仮面によってシテの女性を演じる場合、自らが女人結界を侵犯する女性に成り変わるという、二重の人格変換による性の越境で、神仏の霊威を高めて緊張感を表出した。

各地の山麓の伝承

女人禁制を確立した山の麓や里近くには、女性、特に開山にかかわった高僧の母の伝承が多く残る。特に、女人結界の近くに開山の母の廟や祠を置く事例は、数多く見られる。たとえば、比叡山の横川《よかわ》の麓の雄琴《おごと》にある千野の安養院は、中興の祖で一山の護法と仰がれた慈恵大師良源《りょうげん》（元三大師）の母の廟所で母の住みかであったとされる。山上ヶ岳の山麓の洞川に役小角の母の白専女《しらとうめ》を祀る母公堂《ははこどう》があり、吉野側の母公堂は金峯神社（地主神、金精明神）近くで母公御廟所ともいい、母の木像（元禄二年〔一六八九〕）は現在は桜本坊《さくらもとぼう》に祀られている。越中立山では開山の慈興《じこう》（佐伯有頼または有若）の母を祀った媼堂《うばどう》、比叡山延暦寺では最澄の母の妙徳尼を祀る花摘堂《はなつみどう》、根来寺の麓には覚鑁《かくばん》の母の妙海尼を祀る大日寺（和歌山県那賀郡岩出町水栖、現・岩出市）、後山（岡山県英田郡東粟倉村、現・美作市）には役行者の母の白専女を祀る女人堂がある。かつては女人堂や母公堂に女性は参籠し、経典や念仏を唱え、安産祈願や子授けを願ったのであり、山麓のお堂は山上に登れない女性の信仰の中心であった。比叡山花摘堂は女人結界近くにあり、祭日は四月八日で山の神が里に降りて田の神となる卯月八日《うづきようか》であった。大峯山の戸開けも昔は四月八日で、強力な験を体得した晦日山伏《みそかやまぶし》が山上の冬籠《ふゆごもり》を終えて下ってくる日で（『金峯山創草記』）、女人結界にある母公堂の縁日でもあった。境界を越境する山伏は山の神霊を体現し神そのものと見られたのであろう。女人結界（図18・図19）は仏菩薩や神々の居ます山への入り口、山と里の境界であった。この日の前後、奈良ではレンゾやダケ登りといい、春の一日を山で遊ぶ日があり、夕方に石楠花《しゃくなげ》や椿を手折って下りてきた。仏教側から見れば開山の母を通しての仏菩薩との結縁《けちえん》であるが、民衆は開山の母と半僧半俗の修験という身近な存在を通して、行者と一体化した山の神霊や、姥神と習合した開山の母に祈願する。巫女や神の母、母神や女神などの女性イメージの上に、山の神や田の神、そして産神など民衆に身近な神霊の信仰が成立しており、山麓の伝承は女人結界が民俗的基盤の上に生成されたことをよく伝えている。

仏教の母性重視

高僧とその母は母子関係で仏教の母性重視の考えとも接合した（勝浦、一九九五）。仏教

図18　女人禁制碑（羽黒山荒澤寺《こうたくじ》）

図19　女人結界碑（洞川の母公堂）

の母性重視は、『法華経』と合わせて流布した『転女成仏経《てんにょじょうぶつきょう》』にうかがえる。その願文には「婦人の身をもって、諸仏の母と称す。いわんや比丘たるに於いてをや」とあり、女性は忌避するが母性は評価する仏教の姿勢があるという。この経典は女性の追善と逆修《ぎゃくしゅ》（生前に自らの死後の菩提を祈る仏事）の供養に用いられた。民間での独自の読み変えといえるかもしれないが、子供を生み育て、時には高僧をも育んだ母の存在は、無視しえなかった。出産能力や子孫存続の観点だけでなく、生活全般にわたる女性の力能の評価が高かったのかもしれない。また、男子の母となる場合は、親子間での性の越境の側面があり、高僧の母の場合はこれが特別視されたのであろう。

一方、山麓に祀られる開山の母の姿には、実際に山上の生活を支えた人々の様相も投影されていた。平安時代には、山麓の周辺には、山上の修験や寺院の僧侶が活動を営むために半僧半俗の人々が住み、寺家の支配下にあって堂舎・堂屋の修理、清掃、物資の調達、荘園支配等を行っている所が多く、山上の僧侶の母や多数の尼が居住する場でもあった（西口、一九八七）。これらの人々の拠り所となったのは、開山の母であり、そこに尼、巫女、姥神、山の神などさまざまな姿が重なりあい、仏教の母性重視を取り込んで信仰を形成した。

高野山麓の慈尊院（図20）と仁徳寺は川の岸辺に立地する境界の聖地で、そこに祀られている大師母公と千里御前は、高僧となった子供の母親として霊力を期待され巫女的な側面を示す、という共通性がある。女人禁制の霊場の山麓に女性の参詣の場が確保され、巫女が引き寄せられて、母公はしだいに巫祖的存在に祀り上げられたのであろう。慈尊院には、現在

図20　慈尊院弥勒堂

図21　乳形の奉納

でも大師母公が我が子の下山を待って坐っていた腰掛け石という霊石があり、伝承の根強さをみせている。祈願で特に目立つのは綿を布でくるんで乳房の形にした乳形の奉納で（図21）、乳がんの治癒を願掛けしたり、子宝に恵まれて安産であることを願う。安産の守り神である姥神としての山の神に近い。仏教の母性重視を体現する開山の母は、母なる山の神や産神に繋がっていく。

山の神と女性

「山の母」と「里の母」

山麓の伝承について、宮家準は母に焦点を置いて仮説を提示している（宮家、一九八八）。『諸山縁起』（鎌倉時代前期）によると、役小角の母は大峯山中の神仙《じんせん》（深仙《じんぜん》）の南に聳える宝塔ケ岳（図22）の石屋に住んでいて、役小角は日夜、神仙からここに赴《おもむ》いて母を拝礼したという。その後、役行者は一言主神《ひとことぬしのかみ》の讒言《ざんげん》により伊豆に配流されるが、許されて後に神仙に帰る。この母のために大唐第三の仙人である北斗大師を講師《こうじ》に招いて千塔供養《くよう》を行い、最後は弟子の前鬼と後鬼に大峯山を託して髪をそり、母を鉢に入れて一緒に唐に行ったという（『私聚百因縁集』）。鉢を霊魂の器として他界へ赴いたことを暗示する。これを「山の母」の伝承とすれば、中世以降の伝承は「里の母」の伝承に変わる。たとえば、役行者は母と洞川《どろがわ》の母公《ははこ》堂《どう》で別れて入山したと伝える。別伝では、行者の母は吉野から行者を訪ねて、山下の蔵王堂と山上の蔵王堂の中間、安禅の蔵王堂先の伏拝《ふしおがみ》（中小場とも）まで来たが、先に進めず足摺《あしず》りして残念がったという。奈良県生駒山の鳴川千光寺では、役小角と母が一緒に暮らしていたが、小角が大峯山に入ると母はここにとどまって無事を祈ったとい い、「女人山上」と呼ばれた。

宮家準はこの伝承の「山の母」は山の神、「里の母」は世俗の母を意味すると考える。「山の母」は、山中で狩猟や焼畑に従事した人々の信仰対象で、山人は女神たる山の神を祀り、その加護を得て安全に仕事ができると信じ、山の神は山人を強く逞しく育てる母性的力を持つと考えられていたという。修験道の淵源の一つは山人の信仰にあり、山麓で修験を支えた集落の人々がしばしば鬼の子孫とされるのは山人との連続性があるからとする。大峯山麓の洞川や前鬼（図23）、日光山麓の古峰ヶ原《こぶがはら》、比叡山麓の八瀬《やせ》に住む人々は鬼の子孫と伝える。この伝承は、役小角が通常の「里の母」との絆《きずな》を断ち切って、「山の母」である山の女神

図22　宝塔ヶ岳（宝冠ヶ岳／大日岳）

図23　前鬼・三重《みかさね》の滝

の加護を得ようとしたのだと推定する。母神たる山の神に子供として奉仕し、その守護を得るには世俗の母との絆を切る必要がある。修験者も山中での修行を山の神の守護の下で行うから、世俗の女性を忌避し、それが母子別離の伝承を生み出して、決別の場が女人結界となったとする。役小角の母は、吉野山や高野山の巫女的な山麓の女性とは異なって普通の女性に描かれ、最後に母子ともに他界へ去るのであるから、母と子が強い絆で結ばれている。山の神とそれに奉仕する山の生活者の側からみた理解であるともいえる。

峯入りと山の女神

「山の母」「里の母」の伝承は峯入りの解釈にも適用できる側面を持つ。近畿地方では数えで十五歳になると、かつては山上参りや山上詣と称して山上ヶ岳への峯入り登山が行われ、試練を課して大人にする成年式の性格が強かった。この修行をしないと男ではないとか嫁をもらえないといわれていた。一般に、峯入りは修験道独自の教義に基づいて山で行う修行で、山麓でいったん自らの葬式を行って、死者として三途川を渡って山中に入り、断崖の逆さ吊りで死の体験を味わい、女陰に擬せられる岩や洞窟で胎内潜《たいないくぐ》りをして再生する。山中では聖天《しょうてん》のような男女合体の尊像や男根に喩えられる岩を拝むなど、性的象徴に充ち溢れているが、行場では地獄も極楽もめぐるなど、生と死の体験を経る。最後には、新たに生を宿した赤子《あかご》となり、出成《でなり》と称して産声を挙げて山を下る。危険な行場で修行する擬死再生の行である。現代風に言えば、女人禁制の世界での性の抑圧を通じて、深層の欲望が現れ出るのであり、それを乗り越えることが修行であるといえようか。

　山上参りは男子が一人前の大人となる自覚を持たせる成年式であった。山の神や山の自然の力、野生の力を身体に取り込むためには、世俗の女性との分離が必要であった。厳しい登山や鐘掛《かねかけ》の岩場の登攀《とうはん》、裏行場の蟻《あり》の戸《と》渡《わた》りと平等岩《びょうどういわ》の試練、西の覗《のぞき》（図24）での逆さ吊りの懺悔などを行い、大峯山寺では開祖の秘密の役行者像にまみえる。そして、山を下ると、かつては山麓では「精進上げ」と称して里の女性や遊女と交渉を持つ慣行があった。これは女性が、山の豊饒力を身につけた修行者の一夜妻となってその力にあやかることであり、山麓の洞川にあった遊女宿はその名残りである。修行者との交わりは豊かな山の力を身体に取り込む営為であったが、近代には売春や婚外交渉と見なされ悲劇も生じた。山上参りは女性

図24　西の覗

との象徴的な分離と現実的な合体という劇的な転換を基本に据えていたのである。

　宮家準は、「奥駈《おくがけ》をして、深仙で灌頂《かんじょう》を受けたあと、大日ヶ岳を鎖で登って宝冠《ほうかん》ヶ岳で山の母神にまみえる修行となると、世俗の女性を断って聖なる山の女神に接し、その力を得るという山人の信仰そのものになってくる」とも述べる。母の庇護下の子供を切り離し、霊山に隔離して山の女神の加護で成人に必要な試練を施して再生させる。山中での女神との霊的交流や神秘体験を得て、即身成仏を遂げて山中の神霊と一体化し、山の荒ぶる力を統御する精霊統御者《せいれいとうぎょしゃ》となった修験は、山と里の媒介者として人々を救済する。

　この議論は興味深いが、「山の母」と「里の母」の伝承は、時代を異にしており、山地民と平地民の見方の違いでもある。記録上では、鎌倉時代の「山の母」の伝承がしだいに消滅し、現在では「里の母」が主体である。これは山人を担い手とする狩猟・焼畑など山地民の文化が、農耕を営む平地民の文化に取って代わられた状況を反映するのであろう。

山地民と平地民

山地民と平地民の伝承は微妙に異なっている。山麓の川上村麦谷に伝わる山の神の伝説を紹介しておく。「昔、山仕事で毎日山へ行く男があったが、その男が家を出ると、後から美しい女の人がついて山へ上って行く。毎日続くので遂に女房が気づいて、女房はヤキモチを焼き出して、あすも女がついて行くようであれば一つ大きな声で笑ってやろう、と思って、明くる朝、男が出るとすぐ後から飛び出してみると、やはり女がついて行くので、女房は女の後から大きな声で笑った。すると女はすっと消えてしまった。その日男は大ケガをした。女は山の神であったのである。それで男が山へ行くときは後から笑うものではないという」(『大和の民俗』大和タイムス社、一九五九)。美女は山仕事の夫を守護する山の神で、里の女房の邪魔で守護がとけて怪我《けが》をした。この伝説は、山での男性の仕事を山の女神は守護すること、山の女神は里の女性を忌避することの二つを主題とする。山と里が異なる世界であるという意識が境界の明確化を求め、女性が説明の理由に持ち出される。男性は女性を里や村に残すので、山中の異様な出来事を女性原理の発露として過剰に意味づけるのかもしれない。

狩猟に際しても、山に女性が同行するのはいけないという禁忌が多い。説明として、山の神は醜《みにく》い女性であり、人間の女性、特に美しい女性が山に入ると、嫉妬《しっと》して山中で働く男性を危険な目にあわせると語られる。天川村洞川の山の神は、二月と十一月の七日に祭り、クインサン（天狗）が南天の枝を持つ掛物をかけてオコゼを供える。山の神は醜い顔をしているので、この醜い魚を見ると満足するからだという。いずれにしても、山の女神は美と醜の両極であり、それが女性に対して反発し禁忌を課すという伝承に展開する。

逆に、女性が山の中に消え去る神隠しの話があり、女性の感性の鋭さや神がかりしやすい性格から神に召されるとされた。山の神に奉仕する女性という構図である。こうした伝承の違いは、山地と平地を非連続とみるか連続とみるかによるのであり、平地民は非連続を強調し、山を異界として男女の空間分離、女性の忌避、女人結界へ展開する傾向がある。

連続性に傾く山地民の見方に関して千葉徳爾は仮説を提示している。それは女房を山の神と呼ぶ由来についてで、男性がはじめて男根を露出する相手が女房であり、山の神に対する行為と同じだという（千葉、一九八三）。女房を山の神ということは里で日常的に聞かれるから、山と里は連続し境界は意識されない。狩猟を行うマタギは男根を山中で露出して女神を喜ばせて豊猟を祈願したり、一人前になるクライドリの儀礼で男根を勃起させ山の神の笑いを誘って奉仕を誓わせるなど、即物的な性的言説を通じて、山の持つ豊饒力や生命力を喚起する意図が強い。性の重視は、修験の儀礼にも影響を与え、男女の象徴的結合で得た力が里にもたらされる。山地民と平地民の伝承は次第に交錯し、平地民が優勢になると山と里の差異が強調されて、女人結界を支える論理を生成する。

殺生観と血の穢れ

時代の変遷につれて、平地民がしだいに山地民に対して優位に立つ中で、血についての見方も変化した。狩猟民の山の神は血の忌みにある程度は寛容である。獲物や富を管理し人間に恵みを分け与える山の神にとって、獲物を殺害して生じる血は豊猟の証で忌避しないし、逆に獲物の一部を捧げる血の供犠《くぎ》も要求した。また、山中に分け入った猟師が山の神のお産に立会って助けたという伝承も多く（千葉、一九七五）、山の神は一年に一二人の子供を産む、お産を守る神となるなど、出産や性にかかわる言説が語られている。中世の『神道集』「熊野権現事」は、摩訶陀国《まかだこく》の王妃「五衰殿《ごすいでん》の女御」が、他の妃たちの讒言で追放され、山中で出産して首を切り落とされるが、一二頭の虎が血のにおいで集まり、王子を守り育て、最後は喜見上人《きけんしょうにん》が見出し、父母とともに熊野権現となって猟師千代包《ちよかね》の前に現れると説く。『粉河寺縁起《こかわでらえんぎ》』『日光山縁起』『高野山縁起』など中世に成立した寺社縁起には、動物を追って猟師が山中に入り殺生を犯すが、神仏と出会って帰依《きえ》し以後は殺生を慎むというものが多い。これは殺生禁断を説く仏教の影響で狩猟や肉食が否定的に扱われて、「殺生罪業《せっしょうざいごう》」観が広まった状況を反映する。しかし、狩猟民の間、特に東日本では、狩猟に際して狩猟神である諏訪《すわ》の祓《はら》いという「業尽有情《ごうじんうじょう》」の呪文を唱えて動物を殺害して成仏させることが功徳《くどく》を生むという「殺生仏果《せっしょうぶっか》」の正当化の論理が導入され、全国の猟師の間に広まった（千葉、一九六九）。ただし、狩猟行為は正当化できても、狩猟や焼畑から平地の水稲農耕へと生業の比重が移るにつれ、血の力を重視する山地民の狩猟文化は支配的言説ではなくなり、血を穢れとして忌む、「殺生罪業」を不浄視する平地民の農耕文化が優位に立ったと推定される。こうした流れの中で、血の穢れを忌む女人禁制が平地民から提示され、都市の穢れ意識の肥大化や仏教の女性蔑視思想が浸透する中で定着したのであろう。一方、猟師は諏訪の祓いを唱え、獣は人に食べられて往生できると仏教の解釈を読み変え、殺害で血を流す自らの行為を仏に託して正当化し、母なる山の神も血の穢れを嫌わない産神《うぶがみ》として里に顕現するなど、山地民の独特の神仏信仰の中に血の見方も姿を変えて継続した。

女神の由来

一般に山の神は女性とされることが多い。たとえば、東北の早池峰山《はやちねさん》の山の神の由来についてこんな話がある。遠野の来内《らいない》に屋号を「六陸田《もろくだ》」という菊池家の屋敷地に池があったという。「この池にお早《はや》、お六《ろく》、お石《いし》という三匹の蛇がいた。この蛇たちは水の神であったから、遠野の三山の水源で神になろうということで、ここから一直線に天ヶ森をへて、長峰七日路に水なしという水のない峰を越え、現在の神遣峠《かみわかれ》の神分《かみなはり》の社にきて泊まった。／蛇たちは、天から蓮華の花が降ってきた者が、早池峰の主になることにしようと話し合って眠りについた。明け方ちかく、それは姉の胸に降ってきた。ところが、末の妹は寝ずに待ちうけていてすぐにおきあがり、それをそっと自分の胸の上において眠ったふりをしていた。／みんなが目を覚ました時、末の妹は『約束どおりに天のカミサマが私を早池峰の女神にえらびました』といって早池峰に飛び去った。姉はおこって早池峰山と背なかあわせの、一番低い石上山の、中の姉は六角牛《ろっこうし》山の女神になった。／このため、三山は、女が登ればねたみ、男の登るのをよろこんだので、女人禁制の山になったという」（及川勝穂『遠野風土草』。菊池、一九八九、一五八〜一五九ページ）。これは神子《みこ》（巫女）の伝えた話かもしれない。同様な話は柳田国男の『遠野物語』第二話に整理収録されているが蛇の話は消えている。ここで興味深いのは蛇が女性で水神であり、神遣峠という境界での花占の結果、山の神になり、しかも女性の嫉妬が以後も継続して、山の女人禁制の起源になっていることである。

この伝承は平地民の里からの視点で描かれている。山は農耕民にとって水分《みくまり》で、水の源泉として生命を育むものとされ、女性、あるいは母性を感得する。しかし、山を女性原理に充ちた世界、母なる山と見ることは、山地民にも共通している。四季の移り変わりの中で微妙に様態を変え、冬の雪に覆われ生命の絶えたような山が、春の雪解けとともに胎動して土を見せ、木々を芽吹かせて濃い緑の夏を迎え、黄金色に山肌を染めつつも、吹き荒れる風に任せて散り、再び吹雪のすさぶ銀世界に変わる。こうした情景に死と再生の思いを託すことは自然であり、生産と生殖を一体化し、生命を司る生殖力に満ちた女性原理を見出したのであろう。山に入り込む狩猟民は男性であり、山中では女性原理と調和して陰陽和合により豊饒の源泉となり、富や獲物をもたらすと考えたのかもしれない。一方、修験は密教の影響を受けて、山を胎内や母胎、特に胎蔵界曼荼羅と観念し、峯入りの修行によって、男女和合、金《こん》胎不二《たいふに》、即身成仏という一体化の妙理を得る。神仏と一つになり、山の野生の力を身体に取り込む。山は金剛界と胎蔵界からなるが、胎蔵界が強調される傾向があり、大峯山では八葉蓮華の中台《ちゅうだい》の深仙が灌頂の場となって、頭上に香精水《こうしょうずい》という訶利帝母《かりていも》（鬼子母神《きしもじん》）が宿るとされる岩壁の水を注がれて仏となる。イタコなどの巫女が成年式にあたって里でのカミツケで神との結婚式を行うように、修験は成年式にあたる峯入りで仏教的な衣をまとった山の女神と一体化する様相がある。このように、狩猟民や修験などの男性が、山を、ものを生み出すとともに死を受け入れ再生へ導く、生と死を司る山の女神の支配する領域と観念して独占的な交流を持ち、生身の女性を山から排除していった論理の創出を推定することができる。

女人結界

女人結界の成立

成立の時期

女人禁制は伝承の世界だけでなく、史料のうえで明確にその変遷を押さえておく必要がある。女人結界の始まりについては、平雅行の九世紀後半説や西口順子の十一世紀後半説がある（平、一九九二。西口、一九八七）。しかし、平安時代の史料には女人禁制という言葉は現れず、結界の用例はあるという。牛山佳幸の指摘のように、四字熟語としての女人禁制は室町時代以降の用法で、女性劣位と強く結びついており、安易に用いる議論は混乱をもたらすという主張は正しい（牛山、一九九六b）。ただし、ここでは女人禁制という言葉を、歴史的に限定されたものではなく、より普遍性を帯びた概念として使用する。

女人の山岳登拝の禁止については、平雅行が史料を検討している。それによると、『左経記』寛仁四年（一〇二〇）九月の記事で、比叡山に狂女が登ってきたので山僧が追い返したが、「先年、路に迷へる女が大武辺に登るに、忽《たちま》ち雷雨殊《こと》に甚《はなは》だしく天気不例なり、これ山王、登山の女を咎《とが》めらるるなり。しかるに、今日、雷雨せず」とある。古老の僧は、先年、女性が迷って登ってきた時には、日吉山王がこれを咎めて激しい雷雨を降らせたが、今回は降らせられなかったので山王の霊威が滅びたかといって嘆く。女人結界が明瞭な形であらわれるのは十一世紀初頭ということになる。しかし、内容を検討していくと、実際にはさらに遡り、菅原道真の漢詩文集である『菅家文草《かんけぶんそう》』巻第十二所収の「為清和女御源氏修功徳願文」には、仁和二年（八八六）十一月二十七日に源済子が「台嶽《たいがく》は婦人の攀《よ》づべきに非ず、仁祠あに塵累《じんるい》の触るる所ならんや」とあり、これが初見だという。一方、『大日本史料』の延長四年（九二六）五月十一日条には、ある山僧の夢で、貴女が延暦寺講堂前にいたので、「この山、昔より女人を許さず。何に輒《たやすく》登らんか」と尋ねると、尊意の座主就任の慶賀に来たと答えたという。また、中国側の史料であるが、後周の義楚が顕徳元年（九五四）に編集した『義楚六帖』に大和の金峯山《きんぷせん》について、「女人の上り得たる曾《かつ》てあらず、今に至りて男子上らんと欲すれば、酒肉欲色《しゅにくよくしき》を三月断ち求むる所を皆遂《と》ぐ」とあり、山での女人への規制が中国にも知られていたことがわかる。九世紀後半の史料をもって、女人禁制の事実上の始まりと取りあえずは考えておく。一方、結界という言葉は早い時期から出現しており、たとえば高野山の場合、日野西眞定は空海の『性霊集《しょうりょうしゅう》』の啓白文《けいびゃくぶん》に結界の記載があるので、弘仁八年（八一七）にまで遡るという（日野西、一九九二）。しかし、高野山の女人に関する禁制の記述の初見は『今昔物語集』本朝仏法部巻第十一の第二十五話（十二世紀前半）に載る弘法大師の開山伝承で、文中に「女永く登らず」とある記事まで時代は下る。日野西の見解は参考にとどめ、女人に関する規制の記録は、比叡山延暦寺が古いと考えておきたい。

比叡山には最澄の『根本大師臨終遺言』として、「女人の輩、寺側に近づくことを得ざれ。何に況《いわ》んや院内清浄の地をや」（「又女人輩不得近寺側、何況院内清浄之地乎」『伝教大師全集』一、一九六六年）という文言が伝わり、女人禁制は開祖の定めた草創以来のものという意識が残り続けた。

成立の理由

女人結界の成立理由として、牛山佳幸は史料による限り仏教の戒律にあったと考える。女性を男性の修行の場から遠ざけるという仏教の戒律（不邪淫戒《ふじゃいんかい》）に根拠を求めて、禁欲主義の現れとする。また、仁和二年（八八六）の願文と同様の趣旨は天台宗関係の文書に見えるとし、慈円は建久五年（一一九四）の『無動寺大乗院供養願文』（『門葉記』大正新脩大蔵経図像、第十一巻）で、「当山は大師の誓願として、女人の攀躋《はんせい》を嫌う」と述べており、牛山はこの「大師の誓願」を弘仁九年（八一八）に最澄が制定した『山家学生式《さんげがくしょうしき》』の八条式「凡《およ》そ此《この》天台宗の院には、俗別当両人を差し、番を結んで検校《けんぎょう》を加へしめ、兼ねて盗賊・酒・女等を禁ぜしめ、仏法を住持し、国家を守護せん」を指すと考えた（牛山、一九九六a）。最澄が天台開宗にあたって大乗戒に基づく僧徒の養成の細則を取り決めたものである。基本的な戒律は出家者の守るべき基本項目の規定であり、不偸盗《ふちゅうとう》戒（盗みをしてはならない）、不《ふ》飲酒《おんじゅ》戒（酒を飲んではならない）、不邪淫戒（姦淫をしてはならない）、不殺生戒（生き物を殺してはならない）、不妄語戒（うそを言ってはならない）が基本となる五戒であるが、ここでは不偸盗戒・不飲酒戒・不邪淫戒の三つが示されている。このうちの不邪淫戒こそが女性の入山拒否を生み出したのであり、女人結界は比叡山の山内居住僧侶の女犯《にょぼん》を未然に防ぐための禁欲主義に基づくという。出家僧であれば不邪淫戒は当然守るべき戒であり、寺院や聖域への女性の立入りを禁じることは自然な成り行きで、出家という出世間の行為に伴う当然の帰結であった。

牛山佳幸は吉野山金峯山の都藍尼の侵犯の伝承も戒律にかかわるという（牛山、一九九六a）。『本朝神仙伝』に「金剛蔵王守りたまふ。兼ねて戒の地として、女人を通《かよ》はしめざるが故なり」とある「戒の地」を戒律遵守の霊地を意味すると解釈する。中国側の史料である『義楚六帖』の記事についての解釈も、未だかつて女人が登ったことのない山であり、男子が登山する場合でも、三ヵ月間、飲酒と肉食、そして色欲（女犯）を断つ必要があるという記述であり、明らかにいくつかの戒律と同等に考えられている。このようにみてくると、比叡山や金峯山などの寺院における女人排除は、戒律に基づくもので、禁欲的な修行に際して異性間の性的交渉を未然に防ぐためであったことがわかるのだという。戒律と女人禁制の関連については、すでに堀一郎が指摘していたが（堀、一九八七）、これまでは当然のこととして取り上げられなかったのであり、虚心坦懐に見れば、修行を旨とする仏教寺院にとっては当然の規則で、女人結界は仏教の戒律から導き出された実態的帰結であった。結界の本義のシーマ（sīma）は「堂舎の結界」でありこれを「山の結界」に読み変えたのである。戒律に注目すれば、朝鮮や中国などの東アジアの大乗仏教圏だけでなく、南アジアのスリランカや東南アジアのタイ、ミャンマー、ラオスなどの上座部仏教圏では、戒律によって修行場から女性が排除されている。各地域で異なるのは女性の修行者である尼、いわゆる比丘尼の位置づけであり、現代でも比丘尼戒の復活をめぐって議論されている。

尼と尼寺

牛山佳幸は、飛鳥時代の七世紀初頭には僧寺と尼寺が別個に建立され、僧と尼は対等な形で国家仏教を担ったという寺院制度からの視点を導入する（牛山、一九九六ａ）。養老二年（七一八）制定の『養老律令』規定の「僧尼令」では、ほとんどの条目が「凡《およ》そ僧尼」で始まり相互の区別はない。第十一条には、「凡そ寺の僧房に婦女を停《と》め、尼房に男夫を停めて、一宿以上を経たらば、その所由《しょゆう》の人十日苦使《くし》せよ。五日以上は卅日苦使、十日以上は百日苦使（下略）」とあり、寺院の僧房に婦女を一晩以上泊めたり、尼房に男夫を一泊以上泊めた場合、当事者の僧尼に罰として苦使（労役）を課すとある。第十二条は、「凡そ僧は輒《たやす》く尼寺に入ることを得ざれ。尼は輒く僧寺に入ることを得ざれ。其の師主を観省《かんしょう》し、及び死病するを看《み》問《とい》、斎戒、功徳、聴学は聴《ゆる》せ」で、師匠に教えを乞うことや、死の病いの師匠のお見舞い、潔斎・善行・聴学などの特別の事情がある時を除いて、僧が輒く尼寺に入ったり、尼が輒く僧寺に入ることを禁じる。在俗の女性や尼の僧房からの排除は不邪淫戒に基づく。また、僧寺と尼寺が明確に区別され、前者は女人への禁制、後者は男子への禁制が規則として掲げられ、相互に対等に禁制が課せられる。確かに男子への規定があることは注目されてよい。女人への規定の初出史料はこの両条で、天武・持統期にまで起源が遡るという極端な考えも示せるのである（大宝僧尼令も同様）。「僧尼令」は仏教の僧侶が守るべき戒律を徹底させるために、俗法である律令の中に取り込んだのであり、国家は仏教教団の内部規制を包摂した僧尼令のもとで支配の禁制を国家の管理下に入れた。

戒律の日本的受容

なぜ日本では戒律上では、男女両性に平等に課せられた禁忌の規定が、女人への禁制として突出してきたかが問われなければならない。牛山はその理由を、平安時代の寺院制度の変化に求める。国家仏教の公的な部分を男性が独占して、女性を排除する方向に転換し、女性に出家制限を課して尼寺が消滅したことが原因であるという。具体的には、比丘尼戒壇がなかったので尼の公式受戒《じゅかい》が行われず、官僧の資格を得る制度（年分度《ねんぶんど》者《しゃ》制）も長期の籠山修行を条件に課すなど、女性を締め出す方針がとられた。律令国家の基本方針の官僧官尼体制が放棄され、十世紀ころまでに尼寺は急激に廃寺、あるいは僧寺化して消滅した（牛山、一九九〇）。僧寺が残った結果、その規定の女人への禁制の実態のみが史料や文学に反映して残されたという。また、国家管理の僧尼令は機能しなくなり、規制は各寺院の自主性に任せられ、平安時代中期以降は、寺院では僧侶の妻帯や家庭を営むことが一般化し、破戒行為である女犯が日常化した。寺院関係史料や文学に「女人を嫌う」の表現が頻出するようになり、経典の女性蔑視の文言を「方便か、戒律重視の寺院であることの宣伝文句」として引用

講談社の学芸書籍
新刊のお知らせ
2022 4 APRIL

講談社現代新書 4月13日発売

人生百年の教養
亀山郁夫
880円 527721-8

老いてこそ真価を発揮する教養とは何か。ドストエフスキー研究の第一人者が、読書、音楽、外国語……多角的見地から説き明かす。

オッサンの壁
佐藤千矢子
990円 527753-9

全国紙初の女性政治部長が、「日本一のオッサン村」永田町・政治メディアの実態を明かす。男性優位社会の本丸で考えた、日本社会への処方箋。

【好評既刊】

新型コロナの不安に答える
宮坂昌之
990円 527720-1

再び猛威を振るう新型コロナ。オミクロン株にワクチンの追加接種はどれだけ有効なのか？　副反応はないのか？　子供に打ってよいのか？

現代思想入門
千葉雅也
990円 527485-9

人生を変える哲学が、ここにある――。現代思想の真髄をかつてない仕方で書き尽くした、俊英による「入門書」の決定版！

4月26日発売予定

ちはやふる 百人一首勉強ノート
末次由紀
1980円 526637-3

「ちはやふる」の名場面は、このノートから生まれた！　自筆の文章とイラストで鮮やかに描かれる百人一首の豊かな世界へようこそ！

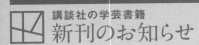

し、女性の入山拒否の描写をするのは、女人への禁制の形骸化の危機感の発露であるという（牛山、一九九六a）。また、尼寺が少なくなり女性が僧寺に修行の場を求めれば、僧寺が女性に対しての禁忌を強化して、入山拒否から女人禁制へと展開した可能性もある。鎌倉時代に叡尊《えいぞん》らが女人救済思想に基づいて尼寺を建立するが少数にとどまり、尼の劣勢は定着する。

女性に劣性が付与される状況の背景には、儒教的な家族倫理や道徳規範が貴族社会に定着して家父長制社会が成立して、女性の社会的地位が低下するという社会変動があったとする。牛山は儒教の女性蔑視思想の影響を重く見るが、女人結界の成立もその直接的結果と言えるかどうかは不明である。儒教は遅れて受容され、民間での展開の過大評価は再考の余地がある。また、寺院制度の変化という支配層からの政策に変化の要因を求めて、上からの方向性を強調しており、在地の聖地観や民俗的基盤への目配りはない。そして、女人結界を強固に維持した修験道は半僧半俗で、優婆塞《うばそく》・優婆夷《うばい》の系譜を引き、戒律を柔軟に解釈してきたことも考慮されない。しかし、戒律が女人結界を生む要因の一つであることは確かであり、それが差別に転化する契機を明確化した点は高く評価できる。

女人結界の位置づけ

尼と尼寺の盛衰に注目し、僧侶の集団の維持のために女人結界を設けたという牛山の説は説得力があるが、平雅行は戒律は女人結界の成立とは切り離して論じるべきだとして、五障や変成男子《へんじょうなんし》という仏教の側からの女性差別観の定着と女人結界の成立が九世紀後半という同時期であることに注目する（平、一九九二）。仏典の女人罪業観と触穢《しょくえ》思想とが融合し、穢れ観が肥大化して、女性の不浄観が産み出されて女人結界を成立させたと考えるのである。社会的な背景としては、尼寺の退転を考え合わせて、律令制下の家父長制原理がしだいに貴族社会に浸透して、貴族女性の政治的地位が低下したことがあると主張する。

戒律については、「戒律を問題にして寺院への異性の立ち入りを規制することはあるが、その場合でも参詣や聴聞《ちょうもん》を認めるのが一般的である」として牛山説に反論する。一般寺院では、神護寺・禅林寺・醍醐《だいご》菩提寺《ぼだいじ》は女人夜宿のみを禁止し参詣は許しており、海龍王寺《かいりゅうおうじ》は女人夜宿を禁じるが、「礼堂之参宿《らいどうさんしゅく》、信女之参籠《しんにょさんろう》」を認める。海住山寺《かいじゅうせんじ》・勝尾寺《かつおじ》・鰐淵寺《がくえんじ》・越前滝谷寺は老尼の止宿を認めている。こうした事例を見ていくと、「戒律の立場からする女性の規制」と「結界に立ち入っただけで神が怒る女人結界」とは異なるといえるし、女人結界は「戒律がすたれ籠山制が解体してゆく中で、強化され蔓延している」のであるという。

触穢観については、当初は一時的な穢れであり、女性の存在を恒常的な不浄と見なかったが、仏教の五障による女性罪業観が加わり、それが旧来の触穢観と結合すると女人結界が登場するのだという。そして、女人結界の「山上」への出現の理由は、王権ないしは山岳仏教と関連するという説を評価しつつ、山の信仰の重要性を示唆する。つまり、自然の猛威に対して都市が脆弱《ぜいじゃく》化し、これを克服するために「より清浄で純粋な自然の中で呪力を体得すること」が必要となり、「修行の場の純粋な清浄さの強調が王権守護の験力誇示に有効性を発揮する」ために女人結界が登場し、全国に広がったとする。平の提示するこの方向性は基本的に正しいが、この動きを促進したのは、山岳を修行の場として特化した修験であり、都市や王権への働きかけの手段として女人結界を広めていったのである。

一方、牛山は「女人夜宿」と「神が怒る女人結界」という二つの方向性を、「戒律を守り禁欲主義を貫こうとしたための発言に過ぎず、両者は全く同一の立場に帰するのであって、『霊山』と一般寺院とを区別して考察すること自体が無意味なのである」（牛山、一九九六a）という。しかし、戒律重視の見解は再検討を要するであろう。禁忌が一時的な時間の規制から恒常的な空間の規制へと転化する経緯は、山への適用が転換点となっている。山は寺院と異なり、一律に戒律が適用されて聖域化する空間ではなく、仏教的論理が卓越する以前の農耕世界や、狩猟・焼畑など山で生きてきた人々の世界観を引きずっており、民俗的基盤を合わせ考え、その上に構成された修験道の生成過程にも注目する必要がある。

穢れ観の再構成

女人禁制の形成と定着に大きな影響を与えたのは、穢れの観念である。穢れの源流は、月経や出産の血や死の腐敗への「忌み」に遡る。人間の生と死や月ごとの生理的な状況を一種の危機として捉えて、その状態にある人間の行動を規制し禁忌とする、文化的読み変えが穢れである。九世紀前半の『弘仁式《こうにんしき》』や『貞観式《じょうがんしき》』は、忌みの日数を数量化・論理化し、これを『延喜式《えんぎしき》』が継承したことはよく知られている。この流れの中で、忌みの状況は穢れとして説明され、接触すると伝染するので、それを避けるために隔離や排除する必要があるとされる触穢思想が明確化する。穢れ観は、仏教の女性蔑視思想との結びつきで強化され、都市で自覚的に肥大化し、山という空間でいっそうの拡大化をみた。そしてこの観念を支え広めたのは支配者層や貴族社会と、これをパトロンとした宗教者たちであった。

勝浦令子は、『弘仁式』では穢れが一定の時間と空間に限定して秩序化されたが、聖域となった山で仏教の女性観の影響が強まり女性の恒常的穢れに転化すると考える。九世紀末には「金峰山他の修験系信仰を中心に、山の結界を弥勒浄土と想定し、社会全体の浄化再生を祈願する清浄な僧とその修行の場としての清浄な山を確保するため、血穢不浄との関係で女性を排除する教説が出現」(勝浦、一九九〇、七七〜七八ページ)した。女人禁制は、仏教の「教義の流布浸透」と、「組織化された血穢の肥大化」により、山の清浄性の強調と聖域化が、山の不入権の確立へと進み、十一世紀から十二世紀にいたって広範囲に拡大して確立したと考える。その転換点は多様な禁忌の中から女性の穢れが焦点になったことと、穢れを不浄と同義として、清浄と不浄という二項対立に読み変えて固定化したことにある。恒常的穢れへの転化は、浄性に満ちた聖域の山からの不浄の排除という思考の登場が契機で、山を修行の場として十二世紀の院政期から鎌倉時代にかけて成立した修験道がこれに関与した。

女人禁制の先駆けとなる血穢をめぐる穢れ観の再構成は、単独の信仰や思想の発展というよりも、神道、仏教、儒教、陰陽道などとの相克や融合の中で生じ、その中で血にまつわる生理現象を客体化し操作して意味づけて成立したのである。高取正男はその中に大きな動きが二つあるという。第一は、平安時代初期には禁忌意識の増大と並行して、神道と仏教が拮抗して神仏隔離が生じて、仏教僧侶の行動が規制される方向性に転じ、清浄性を強調する「神道の自覚化」が進行した（高取、一九七九）。その結果、清浄に対する不浄という二項対立が明確化され、女性の不浄視が固定化する。第二には、女性にかかわるさまざまな禁忌が都市で新しく生成され、「陰陽師の活躍」で方違《かたたが》えや吉凶など日々の行動を規制する禁忌意識が生成された。血の忌みが神事で重視され、仏事の忌みが明確化し、仏教の女性忌避が女性を忌むべきものとして排除して、陰陽道の禁忌を支えた。かくして女性の一時的な排除から恒常的な排除へ、特定の空間からの排除としての女人禁制の成立にいたるとする。

神仏の居ます山への女性の立入りを制限し、山と里を異質な空間と捉え、男性と女性の領域区分をする動きは、自然の力を身につけて統御を試みる修験道の成立と密接に連関する。一方、古来の伝統を引く巫女は修験と新たな関係を構築し、境界性を積極的に生きる活動を継続する。禁忌の侵犯の伝承はその中から生まれてきたのであろう。この状況を深く知るためには修験道の展開を見ていかなければならない。

修験道の展開

修行の地としての山

山は古代から神奈備《かんなび》などと呼ばれて崇拝され、人間の立入りを許さない禁忌の空間で禁足地が多かった。三輪山を禁足地とする大神《おおみわ》神社はその典型で、山中には巨石で神霊の降臨する磐座《いわくら》があり、磐境《いわさか》と呼ばれる祭場が設けられ、神霊は樹木に降りて神籬《ひもろぎ》と称された。山は神霊のすみかの聖域であり、祖霊の鎮まる場でもあった。しかし、しだいに里から望見するだけにとどまらず、神霊の居ます山岳へ立ち入って神霊と交流し自然の霊力を身につけようとする、聖、禅師、優婆塞、優婆夷などと呼ばれる私度《しど》僧《そう》や半僧半俗の人々が現れた。これら山林修行者たちは『日本霊異記《にほんりょういき》』などで活躍を知ることができる。雑密《ぞうみつ》の影響を受け、役小角もその中に含まれていた。『日本霊異記』上巻、第三五には山寺で修行をした尼の記述もあり、巫女的な存在と思われる。山中を経巡る修行は仏教の頭陀行《ずだぎょう》の実践で抖擻《とそう》といわれ、厳格な作法や儀礼が整備されて、比叡山では回峰行《かいほうぎょう》と呼ばれた。修験道は山岳信仰を基盤として、山中に分け入り霊的な力を体得する実践としての峯入りを中核としたのである。特色は登攀《とうはん》・跋渉《ばっしょう》・禅定《ぜんじょう》・木食《もくじき》・断食・穀断《こくだち》・水垢離《みずごり》・滝行・山籠・岩窟籠居《がんくつろうきょ》・陀羅尼《だらに》読誦《どくじゅ》など、山中で験《げん》（霊力）を体得する実践的な行為を体系化したことで、女人結界を取り込んで修行の場としての山を確立した。修験道の成立は、女人結界が定着して以降で、十一世紀後半から十二世紀の院政期以後である。各地の山では、最初に登山して神仏を祀ったとされる者を開山として崇《あが》める。大峯山の役小角、彦山の善正《ぜんしょう》、羽黒山の能除《のうじょ》、伯耆大山の金蓮《こんれん》《きんれん》、日光山の勝道《しょうどう》、加賀白山の泰澄《たいちょう》、戸隠山の学門《がくもん》、書写山《しょしゃさん》の性空《しょうくう》、摂津勝尾山の開成《かいじょう》、立山の慈興、箱根山の満願《まんがん》、走湯《はしりゅ》山の賢安《けんあん》、筑波山の徳一《とくいつ》、六郷満山《ろくごうまんざん》の仁聞《にんもん》、石鎚山の寂仙《じゃくせん》などである。山岳での修行や教義の意味づけには仏教と神祇信仰、外来の道教思想、陰陽思想が混淆し、神仏習合も展開した。仏が化身して神々となって現れる権現思想が中核となるが、文献上の権現の初見は承平七年（九三七）の「大宰府牒」である。本源としての仏菩薩が、人間を利益し、衆生を救うために迹を垂れ、神として形を現すという本地垂迹説が展開する。

こうした流れとは別に、あくまでも登攀を禁じる山も存在してきた。たとえば、対馬の天《てん》道山《どうやま》は、「入らず山」として男女を問わず一定の地点から上への人間の入山を一切禁止し、樹木を一切採らず、山頂付近は天然林が残っている。佐護湊《さごみなと》では、山は天神の降臨地で天道山と呼ばれ、そこを通して天道（太陽）を拝み、山を神聖視して立ち入らない。天神の御子神を山麓の天神多久頭魂《てんじんたくつたま》神社で祀るが、本殿がないので実際には山を拝むことになる。一方、母神は川岸の神御魂《かみむすび》神社に祀られ、『対州神社誌《たいしゅうじんじゃし》』（貞享三年（一六八六））には「女房《にょうぼう》神《がみ》」と記されて、御神像は太陽を腹部に抱えた姿であり、御子神の母神とされてきた。母神は天上にいる太陽神の妻でもある。山自体を聖域として男女ともに登拝を禁じ、山麓では巫女の命婦《みょうぶ》が祭祀に奉仕する。女人禁制の先行形態の一つの可能性である。

生活の場としての山

山を生活の場としてきた狩猟民、あるいは山人の持つ山への意識は平地民とは異なる。山は農耕を支える水源であるだけでなく、多くの動物たちが獲物となり、山菜や茸など食料源や木材が豊かで、薬草や鉱脈も抱える富の貯蔵庫であった。各地の山に里の民が猟師に導かれて登り、そこで神や仏や菩薩と出会う開山伝承が多いのは、山地民と平地民、先住者と来住者のせめぎあいを物語っている。山を修行の場とする山林仏教や修験道が入り込むと、山を生活の場としていた山人と出会い、山人はしだいに取り込まれて助力を提供して山麓に定住し、一部は鬼の子孫とされるようになる。たとえば、大峯山では洞川、前鬼、天河坪ノ内など、葛城山は中津川前鬼谷、比叡山は八瀬《やせ》、日光山は古峰ヶ原《こぶがはら》などである。

洞川は役小角に奉仕した後鬼の子孫という。霊薬とされる胃薬の陀羅尼助《だらにすけ》は、参拝者が買って帰るが、畔田伴存《くろだともあり》の『吉野郡名山図志』（弘化年間発刊）に「後鬼の者に教へ置き給ひし薬方也と言ふ」とあり、開祖役行者の教示で弟子の後鬼が作り始めたと伝える。洞川ではかつては麦・稗《ひえ》・ジャガイモ・大根・大豆などを常食とし、米はめったに食べず、内職に柄《ひ》杓《しゃく》・曲《ま》げ物《もの》・酒樽《さかだる》などを作っていた。安政七年（一八六〇）に公儀に差出した明細帳には、四月から九月までは大峯山への参詣者の宿をして木賃や米代をもらって山案内をして、他の時期は山稼ぎで年貢を上納していたとある。

一方、秘所の深仙《じんぜん》の下に住む前鬼の人々は、その名のとおり前鬼の子孫とされて修験道を支え、かつては禅鬼や善鬼と記された。『諸山縁起』で役小角が「神仙嶽に、三重《みつがさね》の石屋あり。下の砌《みぎり》には、阿弥陀曼茶《ママ》羅あり。中の重《かさね》には、胎蔵界曼陀羅あり。上の重には、金剛界曼陀羅あり」として壇を築いた伝承地は、前鬼の裏行場の三重の滝（図23）と推定される。深仙は本山派修験の根拠地となり、金胎両部《こんたいりょうぶ》の中台八葉で大日如来の座とされ、正灌頂が行われた。前鬼には五鬼姓を名乗る五つの宿坊があり、五鬼熊（行者坊）、五鬼童（不動坊）、五鬼上（中之坊）、五鬼継（森本坊）、五鬼助（小仲坊）と称した。寛治六年（一〇九二）

に、白河上皇が金峯山と熊野山に臨幸の時、聖護院の増誉《ぞうよ》が供奉し、前鬼の衆徒が奉仕したという伝承もある（『下北山村史』一九七三年）。三重の滝の両界窟では、永仁三年（一二九五）十二月銘で冬籠《ふゆごもり》の証となる真木碑伝《まきひで》が発見され、記録上は鎌倉時代には遡る。明治九年（一八七六）には人口三一人であった。「五郎さん」の愛称で親しまれた小仲坊《おなかぼう》の五鬼助義价《ごきじょよしとも》が昭和五十九年（一九八四）五月十三日に亡くなって無人となったが、平成九年（一九九七）に五鬼助義之が跡をついだ。

狩猟と修験

狩猟民と修験には密接な交流があり、女人結界の上部で新しい生き方を築き上げた。第一は諏訪《すわ》の勘文《かんもん》である。狩猟民は修験の駆使する呪文を使うが、その中に「業尽有情、雖放不生、故宿人身、同証仏果」（業の尽きた者は放出しても生きられないので、捕獲されて人間の食用となり功徳に与かって仏の救いを得る）という呪句があり、続けてアビラウンケンなど胎蔵界大日如来の真言を唱えた。これは狩の神である諏訪明神の加護を得て獲物に引導を渡す勘文であり、全国の狩猟民の間に呪文として普及し、殺害や出血の際の祓《はら》い詞《ことば》となった。猟師は生業として獲物を追い続ける以上、殺害はやむをえず、勘文は広まった。

第二に狩猟民には修験の影響が強く狩の作法は修験の儀礼ともいえる（永松、一九九三）。そして、修験を経由した仏教の影響で殺生戒や肉食の不浄視に基づいて血や肉を忌み、供物を獲物から別のもので代用するようにもなる。九州の椎葉《しいば》神楽は狩猟儀礼の様相があり、尾前《おまえ》でははじめにシシ（猪）を奉納してシシ祭りを行い、諏訪の祓いを唱えた。演目の「板起し」はシシ肉を山の神に捧げる儀礼であったが、現在では豆腐や榊の葉を使うように変化している。血や肉についての不浄観がもたらされると儀礼は変化する。

第三にマタギの作法の性的な要素や生殖力重視の考えが修験の儀礼の一部に取り込まれた。羽黒修験の秋の峯の修行は、性交の隠喩や象徴的行為に満ちる秘儀で、真言立川流も取り込み仏教の儀礼を読み変えて男女合体を表現する。また、山中は世俗と異なる別世界なので独特の言葉が使われ、マタギの山言葉を含む儀礼用語とした。マタギは山中では通常の言葉を忌むので特別の言葉を使い、規則を破ると水垢離を取らされた。

第四は山で暮らす人々は狩猟や川漁、筏《いかだ》流しに際して、祈禱や祈願を行ったが、内容は修験と重複する（菅、二〇〇〇）。山には金山師《かなやまし》、鋳物師《いもじ》、タタラ師、木地師、塗師《ぬりし》などが住み、修験と鉱山の関係も深かったから、祈禱もこれらと連続性を持つ「技能」の一つにしか過ぎなかったのかもしれない。その中でも、猟師は山という他界と村という現実の世界を往復する男性巫者《ふしゃ》、つまり覡《かんなぎ》の性格を強く帯びており修験とのなじみが深かった。このように修験と狩猟とは関連が濃いだけでなく、相互交渉で新たな民俗をつくり出した。

猟師や山師《やまし》が修験になる開山伝承もある。早池峰山《はやちねさん》の開山は、遠野の来内《らいない》の猟師の藤蔵《とうぞう》（藤蔵）が熊を追いかけて山頂に至り、神と出会う。下山後、住居を山麓の大出《おおいで》に移し、山頂に御嶽《みたけ》社、山麓に新山《しんざん》宮を造営して神人《じにん》として奉仕した。その後、天台系の仏教が進出して妙泉寺が創建され、支配下に入って神仏混淆《こんこう》の修験の徒となる（『早池峰山妙泉寺文書』

一九八四年）。藤三の子孫は代々早池峰山に奉仕し、三十九代目の始閣実にいたる。藤三は遠野最古の金山である火石沢の山先《やまさき》で、山先とは鉱山の発見者や子孫を指す山師言葉であり、木地屋や猟師、修験も意味したという（菊池、一九八九）。

一方、山についての認識は、狩猟民と農耕民には大きな差異があり、修験は山と里を往復する中で、自然に相互を結び付ける役割を果たした。女人結界は、山と里の文化的境界にも重なっていた。農耕民は山を別世界や異界と見ており、山の人々が血に豊饒性を認める思考に違和感を持ち、山と里の境界を明確に意識し、合わせて女性の血の穢れも忌避する。女人結界は元来は山と里の境界で、石、木、泉などがあり、儀礼や供物なしには越境が許されない特別の場所と推定される。平地からはここを基準に「特定地点から上」を、非連続の場、別世界・禁断の地・他界と考えて狩猟民の領域とし、そこに修験は非日常性に満ちた均質空間を構成し清浄性を高めていく。しかし、古層にかかわる部分では、山の神が産神《うぶがみ》として穢れをいとわず出産の守護に訪れるように、禁忌をすり抜けて「特定地点から下」へと境界を越える思考も働いていた。

山での禁忌

山という異界の地にあって行動する場合、狩猟民、農耕民、山地民、平地民の区別を問わず、さまざまな禁忌が要求されたことは推定される。さらに山岳に仏教寺院が建立されると、新たな禁忌が課せられたが、領域についてはその正当性を仏典に求め、「七里《しちり》結界《けっかい》」などに基づいて観念的に設定し、個々の山の土着的な境界認識と重なる中でしだいに女人結界が確定したのであろう。山自体が仏菩薩の住みかとなれば、その地を浄土として清浄性を強調し、男性主体の修行場として整備されることで、女性の不浄性や破戒のいましめが意識化される。女人結界の成立の伝承は、草創以来、あるいは開山の定め事、空海や最澄の遺訓や遺誡という始原の出来事としての性格を帯びて正当性を主張し、結界にかかわる開山の母にまつわる伝承が形成され、高僧の母でも登れなかったという禁忌保持の語りとなる。『今昔物語集』本朝仏法部巻第十一の第二十五話の高野山の建立縁起には「女永く登らず」、第二十六話の比叡山の建立縁起では「女は此山に登る事なし」と記し、開山草創の原初の規定として、寺院の存立を確定する基礎となり、根源的秩序としているのである。

日野西眞定が指摘するように、おそらくは初期においては女人結界も多くの禁忌の一部でしかなかったのであろう。高野山の場合、白河上皇の寛治二年（一〇八八）の高野詣などに触れ、当時は山内で大きな音をたてたり、鳴物はいけないという禁忌があり、特に奥の院は静寂を要求された（日野西、一九九二）という。記録では時代は下るが肉類の持ち込みも制限された。浄域であれば禁忌が増えるのは当然であり、仏教の戒律と在来の禁忌が融合し、民俗的基盤から醸成された多くの禁忌の中の女性の生理に関する規制が仏教の戒律の不邪淫戒と相まって、しだいに重要な禁忌として突出していったのであろう。その設定は男性側の働きかけにあり、禁忌の生成で山の非日常性や聖性を高め、男性中心の儀礼空間での神仏との交流を密度の濃いものにしようと試みた人々が、女人禁制を推進する運動の主役であったと考えられる。女人結界は男性側の作為に間違いないが、女性に負の価値や劣性を帯びさせることに対しては反発があり、それが強い霊力を持つ女性を伝承に登場させて、経血や尿をもらすなどと誇張した表現で、侵犯行為が語られ、大地震などいっそう大きな神霊の反作用を生むという語りを生み出した。禁忌の侵犯を語ることが、山の霊験を高めるという男性側の論理も見出すことができよう。

修験と巫女

かつては山で活躍する巫女たちがいたことは、『梁塵秘抄』巻二に「金《かね》の御嶽《みたけ》にある巫女の　打つ鼓　打ち上げ打ち下し面白や　我等も参らばやていとんとうとも響き鳴れ鳴れ　打つ鼓　如何に打てばか此の音の絶えせざるらむ」と歌われたことからも明らかである。『古事談』巻三には、金峯山に「正《まさ》しき巫女」がいて、『往生要集』を著わした源信、恵心僧都《えしんそうず》に歌占をしてきかせたとある。金峯山の巫女が吉野水分神《みくまりのかみ》（子守明神）や金精明神《こんしょう》に仕えた情況を彷彿とさせる。

柳田国男以来の民俗学者は、山の神と同一視される巫女が山中で神祭りにあたってきたが、男性の山林修行者や修験が山を修行の場として独占し、女性を排除するようになったと推定した（宮田、一九七九）。これは同時に平地に住む農耕民の男性優位の思想や神社祭祀が女性の血の穢れを強調した不浄視と連動しているという。さらに仏教の女性蔑視がこれに加わった。元来、山を生活の場とする人々には、血の穢れの意識は強くはなかったが、平地民の優位性の高まりに伴い、血の穢れを忌む習俗が広がっていったと推定される。

女人結界で山と里との流動的な境界は固定化されたが、その場所は石や樹木などがある霊地であり、柳田国男は結界石が感性の鋭い巫女の祭場に違いないと考え、比丘尼伝承はその現れと考えた。石を拝んだかどうかはともかく、巫女が越境能力を発揮しうる場として、境界の場に恒常的に留まり、能力を認められた可能性はある。人々の怨念や悲哀が滞留した山と里の境界は、力を帯びた磁場として新たな文化創造の場になったのである。

修験は民間との接触を密にしようと試みて、里に住む巫女を協力者として取り込んで、積極的に活動を展開した。神楽を祈禱の儀礼に再編成し、一部には男女が組をなす形態も見受けられる。岩手県の宮古市の湯立《ゆたて》託宣では、男女が組になり、神子《みこ》が舞って法印《ほういん》が言葉をかけ太鼓ではやす形で、双方ともに修験の影響が強い。託宣にあたっては、神子は九字《くじ》を切り、「法をかける」「法を解く」といった法に呪力を認める手法が使われる。秋田県大森町(現・横手市)の保呂羽《ほろわ》山波宇志《はうし》別《わけ》神社での霜月神楽の巫女舞もこれと類似する。男女の組は憑祈禱《よりぎとう》といい、修験が巫女を憑坐《よりまし》として神霊を呼び出してさまざまな託宣を引き出す手法として中世を通じて残り続けた。また、備後の荒神《こうじん》神楽や対馬の神楽では近世初頭までは、男性の法者《ほうじゃ》と女性の神子や命婦《みょうぶ》が対になり、憑祈禱の芸能化の様相があり、法文《ほうもん》の功力《くりき》で死霊を浄土《ほさ》に浮かばせた。法者は陰陽道や修験道の影響を受け、呪詞《じゅし》を唱え祭文を読み太鼓で女性を舞わせつつ神がかりさせて、託宣を得た。現在は退潮して男性の神楽に変わっている。女人禁制の山に登って修行して験力を身につけたと信じられた修験(山伏)は、山では

「霊媒」（medium）として直接的な神がかりによる交霊体験を通じて守護霊を獲得し、験力や法力を里では「精霊統御者」（spirit master）として駆使して、病気治しや祈禱、憑きもの落としを行うことで民衆の願いに応えた。里では「予言者」（prophet）や「見者」（seer）として神霊と交流する。里山伏として定着した修験は、巫女と組んだり夫婦となって、加持祈禱を行ったが、巫女は里での「霊媒」として活動した。修験は司霊者（使霊者）の性格が顕著であり、その能力の源泉は法力や験力に求められた（鈴木、二〇〇〇）。女人禁制は山と里を異質な世界として分断することで、山と里、修験と巫女の差異を際立たせて、二者が組になる神がかりの形式を洗練させ、重なり合う境界の緊張感の中での民衆の救済への対応を可能にした。

修験道儀礼

修験は峯入りにあたって自らをいったん死んだと観念し、死後の世かつ再生の場でもある山で修行を重ねて、最後に新たな人間として生まれ変わる。山中では身体と霊魂が流動的な状態にあり、誕生と死亡を擬似体験して修行し、柴燈《さいとう》護摩（図25・図26。本山派は「採燈」）で罪障消滅を行い、即身成仏を究極の目的として、最後は灌頂儀礼で仏と一体化する。山を曼荼羅と考え、金剛界と胎蔵界から構成される山の中で金胎一致の妙行《みょうぎょう》を行うと観念し、自らの身体も金剛界と胎蔵界の小宇宙として、大宇宙との一体化を目指すのである。一方、山を金剛界、谷を胎蔵界と説く場合もあり、大峯山では吉野側が金剛界、熊野側

図25　深仙の採燈護摩（本山派）

図26　羽黒山秋の峯の柴燈護摩（羽黒派）

が胎蔵界で両部分けが境界となる。山全体を胎蔵界とする見方も多く、大峯山山中の深仙《じんぜん》は八葉蓮華の中台である。教義的には大日如来《だいにちにょらい》を中心とし、周縁部の外金剛院に天部の神々を取り込むという同心円的構図であり、多くの異質なものを包摂する。山を金剛界よりは胎蔵界と見る思想が根強くあり、山を女性の胎内や母胎とみなす儀礼に再生への願いをこめる。山中を歩く時に修験が本尊を入れて背負う笈《おい》は、母胎と見なされて山中では極めて神聖視されて、山を歩く修験は母に抱かれた姿と観念され、途中で行われる笈渡しは、性交を表し新たな生命の誕生と見なされる。山中で男女合体の聖天を拝むのも一連の思想に基づく。修験道には女性原理を山中に認める民俗的基盤があり、山の女神や母神に帰依する信仰の世界に生きる人々の想いが仏教の装いを持って顕れたとみられる。生―死―再生と展開する擬死再生の思想を含む修験道儀礼の世界観の根底には民俗の思想に基づく女性原理がある。修験道は時代とともに大きな変転をみせるが、その特徴を示すには、羽黒山の秋の峯という専門の山伏を養成する修行がわかりやすい。

羽黒山の秋の峯

秋の峯は仏教系の方は毎年八月二十四日から八月三十一日まで荒澤寺《こうたくじ》を中心に行われている。正善院での笈からがきの儀礼で笈を拝み、断末魔の作法を行い、修行者は亡者になると観念する。山に登る前に山麓の黄金堂《こがねどう》で堂前に梵天《ぼんてん》を倒す儀礼があり、男女の赤白の二渧《てい》が合わさって胎を宿すと観念する。一方で生を宿し、他方で死ぬというように生と死の共存が

図27　月山東補陀落の行場（男根状）

図28　胎内潜り

修行の極意とされる。山中では二つの松明の先端をつけあう行法があり、これも男女の性交を意味するという。七峯八《ななみねや》沢《さわ》という山を歩く行法では女性の秘部に見立てられる洞窟やガンバコという岩場を拝み、月山には男根状の岩の拝所や胎内潜りの行場もある（図27・図28）。修行日数は山中にいる期間を子供が生まれるまでの二七五日になぞらえて七十五日間とされていた（『拾塊集』）。七十五は山中に無数にいる魑魅魍魎の数で山に満ちる神霊や護法との交流も表す。女性を排除する修行の場での性交の模擬儀礼は、象徴的逆転とも考えられ、性が聖に転換する場としての山岳の重要性を浮かび上がらせる。その修行の根本には二つの原理があり、女性の現実的排除としての女人禁制と、女性の観念的包摂としての擬死再生である。

山中での修行は十界《じっかい》修行と称し、地獄・餓鬼・畜生・修羅・人間・天道という人間の迷いの六道輪廻《ろくどうりんね》の六凡の世界に割り当てられた行法を行い、それを乗越えると悟りにいたる声《しょう》聞《もん》・縁覚《えんがく》・菩薩・仏の四聖《ししょう》の修行に入り、十段階をへて最後は仏と一体化する即身成仏を遂げる。即身成仏とは三密瑜伽《さんみつゆが》（身《しん》・口《く》・意《い》を通して本尊と合一）の行法というよりも山中の神霊との一体化や憑依にほかならず、仏教の衣を身に着けたシャーマン化の過程といえる。そして即身成仏は、元来は仏性を持ち不動明王になりうる行者に自らの資質に目覚めさせ、仏として生まれ変わるという身体観に支えられる。修行の最後には、開祖の能除太子（蜂子《はちこの》皇子《おうじ》）が羽黒権現を感得したという始原の場所である阿久谷《あくや》を望む地点に来て、大懺悔《だいざんげ》を行い、山頂で産声を挙げ、参道を胎児が生まれてくる産道に見立てて駆け下る。正善院の前には場《ば》柴燈《さいとう》の火がたかれ、それを飛び越すことを産湯《うぶゆ》をつかうと観念して、赤子として誕生する。まさしく修験道の儀礼は、いったん死んで新たな人間として甦る擬死再生を主題にしている。

秋の峯の修行は一の宿、二の宿、三の宿に分かれ、六道は二の宿までである。これ以後は四聖に入る。その境界の時間で二の宿から三の宿に移る時に、屋外で柴燈護摩をたく（図26）。周囲に発心《ほっしん》・菩提・修行・涅槃の四つの額をかけて四門を作り、護摩木は人体の骨の数になぞらえた数を用意して、これを祈念して燃やすことで罪障に満ちた肉体を焼却する。葬式の四門出遊《しもんしゅつゆう》の作法になぞらえることは明らかである。その後、宿に戻ると天井の上につけた三本の扇の要《かなめ》から赤白の二本の紐と麻紐が下がっており、先達の説明では動脈と静脈と筋の意味で、母胎の中を内側からのぞいた形で胎児の成長を表すとされる。かつての二の宿であった吹越《ふきごし》の小屋の木組み自体も、内側から胎内を覗いた姿と観念していた。宿ではお祝いの延年《えんねん》（鳴子《なるこ》）の謡《うたい》が出て、天道に至ったとして天地合体を祝う。

修行者は死霊として死後の世界に分け入って山中をさまよう存在でもある。その民俗的基盤には人間は亡くなると肉体から霊魂が分離し、死霊となった霊魂は山に登って留まり子孫を見守り続けるという考えがある。山中では地獄の行も行われ、南蛮いぶしという唐辛子と米糠を混ぜて火をつけもうもうたる煙を浴びせられて苦しみを体験する。

山は人間の生まれる前の世界、つまり「未生《みしょう》」であるとともに、「死後」の世界である。生以前、死以後といってもよいであろう。その中に入り込んだ修験は、いったん死んで甦る擬死再生を遂げ、死から生へ、あるいは死が同時に生でもある時間を生きることになる。現世での人間は生から死へと流れる日常生活を営んでいるのであるから、山ではまったく逆転した時間、体験したことのない時間を生きる。山は現世の空間と時間を象徴的に逆転した非日常的世界と観念され、時空間の象徴的逆転が現出する世界である。女人禁制は、男性と女性がともにいることで成り立つ現世での秩序を、男性から女性を一時的に切り離すことで非日常をつくり出し、その体験を通じて日常生活を批判的に見つめ直す機会を与えるのである。そこでは非日常的世界を生きる移行の時空間を体験させ、自然と交流してその力を体内に取り込む。そして野生の力を自らを守護する力に変容させる。

ハヤマ信仰

修験道は山を修行の場として発達してきたが、その影響は村落の人々にも及び、山についての独自の意味づけを構築してきた。その事例として、福島県の阿武隈《あぶくま》山地に多いハヤマ（葉山・羽山・端山）が挙げられる。ハヤマとは、里近くの端の山のことで、村落のごく近くにそびえており、この山を神聖視して祭祀を行っている。福島市松川町金沢《かねざわ》のハヤマ（羽山）では、毎年旧暦の十一月十六日から十八日まで、麓の黒沼神社の籠り屋で祭を執行する。女人禁制で、厳格に水垢離をとり、精進料理を食べ、最後の日には、早朝に御山《おやま》と称するハヤマに登る。山頂では先達と称される神社の宮司が神降ろしを行い、ノリワラという男性に神を憑依《ひょうい》させて、作柄《さくがら》や火難、水難などの託宣を得て（図29）、この内容が村人にとっての、生き方の指針になるのである。金沢では神道色が濃くなっているが、別の集落では寺院で行う所もあり（飯舘村大倉など）、神仏混淆の修験道が村落に定着した姿であるとみてよいであろう（鈴木、一九九一）。籠り屋では、新入りのコソウにはゴッソウと称して、笊《ざる》の中に大根・唐辛子・蜜柑・スゴ（藁）で作った男女の秘所をかたどったものを入れ込み、それを前に出して困らせる（図30）、といった性的な言辞もあり豊作祈願が基本である。

行事の参加者はすべて村人であるが、参加回数によって役を与えられる。最初の一年目から四年間はコソウと呼ばれ、一種の見習いで、幹部はカシキと呼ばれて託宣で選ばれる。行事の主宰者は先達とノリワラだが、中心になって事を進めるのはカシキのうちから選ばれたオガッカアである。行事は女人禁制であるが、役職名には女性名が付けられており、オガッ

図29　ハヤマ山上での託宣

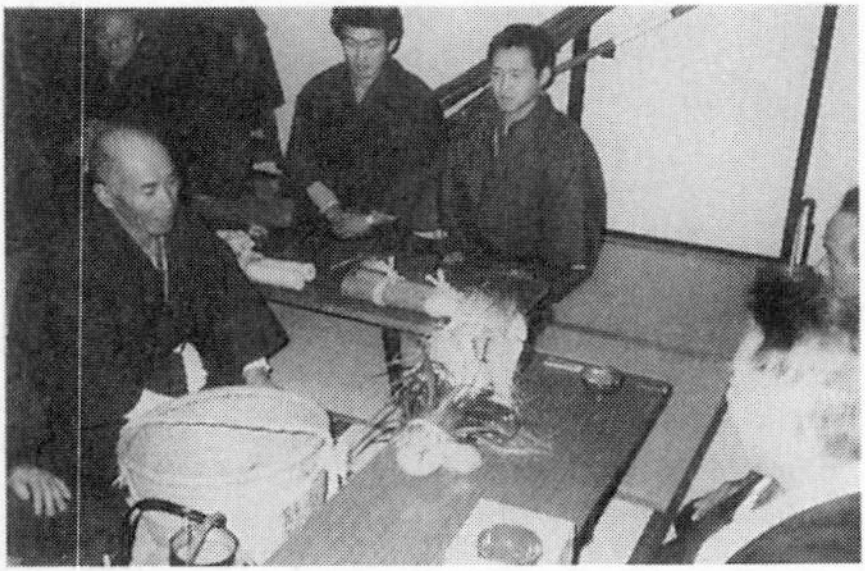
図30　新入りに与えるゴッソウ

カアの補佐はヨメ、後見役はバッパアといわれ、翌年か翌々年にオガッカアになる予定の者がワカオッカアとしてつく場合もある。任期はすべて二年で、毎年行事が終了するとヨメトリと称して、神が下す託宣によってヨメを新たに認定する。それぞれ役が決まっていて、オガッカアは御山に登る時にハヤマ様の御神体を持って登り、ヨイサアという田遊びで、代掻《しろか》きや田植えの所作をして農耕の予祝《よしゅく》をする時には人が扮する神馬《しんめ》に乗る。オガッカアは行事の主役である。山に持っていく餅を搗《つ》く時は、オガッカアが搗き始め、ワカオッカアが相取りをし、ヨメがかえして、バッパアが太鼓役になるというように、家族の成員になぞらえて事が進む。この場合、なぜ女性名が適用されるのかについて、第一には、隠語として使用されていると考えることができる。つまり、籠り屋で生活している間は、日常生活の言葉は使用されず（マタギと類似）、履物はウマ、水はオナガレ、御飯はヤワラ、鍋はウシ、箸はヨセと言い換えられる。ここは通常の日常の場ではないという、非日常性の喚起となる。第二には、女人禁制として女性を排除した儀礼の場であるにもかかわらず、あえて女性名を使うことで緊張感を創り上げ、食事の準備から掃除まで一切の生活を男性が仕切って、日常生活の様相を女性の立場に立って体験し、時には風刺的に描くことにもなる。第三は、男性でありながら女性名を持つという性の越境を通じて、境界を越える力を持つことを潜在的に示す。一時的な両性具有者になることで、境界を越え神と人の間に立つ媒介者として機能する。籠り屋は山岳空間それ自体とは異なるが、属性としては連続しており、籠り屋の奥の部屋でカシキの何人かに神降ろしをかける行法を行うこともある。男性が女性名を名乗ることは、象徴的逆転による非日常性の喚起でもある。

ハヤマ信仰は修験の影響で男性中心に編成されているが、女性原理も混入している。それは籠り屋でハヤマ様とともに祀られるシンメイ様のことである。シンメイ井戸が清めに使われ、ご神体はハヤマ様とシンメイ様の二体を祀ってお峯餅《みねもち》が供えられ、ともに御山まで持ち上げて祀られる。託宣はハヤマ様主体だがシンメイ様が憑くことも多く、特に里の籠り屋での神降ろしにその傾向があり、ハヤマ様の託宣は村全体、シンメイ様の託宣は個人が多い。ハヤマ様とシンメイ様のご神体は布に包まれた形で、東北に見られるオシラサマ、オシラボトケ、オコナイサマ、オシンメイサマなどと呼ばれるオシラ神に類似している。お峯餅を供える十一月十五日は福島県に多いオシンメイサマの祭日で、家に祀ってある所ではシンメイ巫女が神降ろしを行う。金沢では御山から下ってきた十八日がシンメイの祭日で、観音の縁日と重なっている。このようにみてくると、ハヤマ信仰はシンメイ信仰と一体となっており、巫女や家の女性たちによって祀られるシンメイの神とハヤマの神が組になって祀られているのである。かつては修験と巫女が組んでいた形態の名残かどうか知るよしもないが、修験の影響が女人禁制を強化して女性を排除したとしても、その一方では、どこかに古層にかかわる女性原理の混入や祭祀対象を残しているという構図がある。

仏教と女性

仏教の教義と女性

龍女成仏と五障

女人結界の成立には仏教の教義の影響が大きいといわれてきた。女性罪業観が穢れ観と結びついて不浄観へと展開し、不浄な女性は恒常的に穢れがあるとされて、清浄な地への立入りを禁じる女人結界を生み出したという。しかし、教義で説くことと現実の受け入れにはズレがあり、屈折して取り込まれた状況もある。仏教の女性観のうち後世に大きな影響を与えたのは、『法華経』巻五「提婆《だいば》達多《だった》品《ぼん》」第十二である。それによると、文殊《もんじゅ》が龍宮で『法華経』を説くと、龍女《りゅうにょ》は瞬時にして悟りに達した。舎利弗《しゃりほつ》はこれに応じて「女身は垢穢《くえ》にして、これ法器《ほうき》に非ず」とし、女人の身には五障《ごしょう》があり、その内容は梵天《ぼんてん》王、帝釈天《たいしゃくてん》、魔王、転輪聖王《てんりんじょうおう》、仏身の五つになれず成仏は難しいと説く（又女人身、猶有五障、一者不得、作梵天王、二者帝釈、三者魔王、四者転輪聖王、五者仏身、云何女身、速得成仏）。舎利弗の異議に対して、龍女は見事な玉である宝珠を釈迦に奉り、玉が釈迦の御手に渡るよりも前に成仏したいと願うと、龍女の身はたちどころに男子と変じて成仏したという。有名な変成男子《へんじょうなんし》と龍女成仏の話で、後には罪深い女性が成仏するには男性に転換する必要があるという教説を生む。女人が生まれながらにして五障の身で、女性のままでは往生も成仏もできず、男子の妨げにもなるという女性蔑視の思想が含まれている。

吉田一彦によれば、五障の教説は八世紀ごろまではほとんど取り上げられず、龍女成仏の教説や女性は罪深いという考えも成立していなかったという（吉田、一九八九）。しかし、九世紀末から十世紀にはこの教説が流布し、僧侶以外にも広まって十一世紀には文学作品にも登場し、女性の罪業観念の定着とともに流布して、平安時代後期に定着したという。『法華経』では五障と、「女身垢穢《にょしんくえ》、非是法器《ひぜほうき》」という女性不浄観が抱き合わせになっているが、日本では五障が「五つのさわり」と訓じられて、経典が説くような五種の立派な存在になれないという主旨から離れたと示唆する。サワリという言葉に読み変えられて、女性に内在する罪、煩悩、悪行、業、さらには月経や月の障りなどの意味が複合して、不浄観が増幅し、その結果、女性に内在する罪障という本質主義的な観点が定着したという。教説が直ちに女性の蔑視や排除をもたらしたのではない。サワリという言葉は民間で広く使われ、現在でも祟りをも含めた神霊の働きや作用という意味がある。また、龍女は龍が水の神で水辺の女神とも重なることや、『法華経』が滅罪の効果を持つとされたこと、経典の読誦《どくじゅ》が雨乞いに霊験があるという信仰があったことなど、「提婆達多品」は民間信仰と習合する要素を多く含む。『法華経』には神仏混淆《こんこう》の女神信仰や、荒ぶる神が仏教に帰依《きえ》していく様相が読み取れ、民衆にとっては受容しやすく、その読誦は民間にあっては、救いに至る道として肯定的に柔軟に受け取られていた。

問題は三従《さんしょう》である。五障は当初は単独で使用されたが、三従と一体化した成句となると差別の観点を含みこむ。三従とは、儒教思想に見られ、「婦人に三従の義あり、専用の道なし。故にまだ嫁《とつ》がざるは父に従い、嫁いでは夫に従い、夫が死せば子に従う」（『儀礼』喪服篇）とあり、女性は子供の時は親に、嫁いだ時は夫に、老いては子に従うとされ、明らかに男尊女卑である。この文言は仏典の『大智度論《だいちどろん》』、『華厳経』第二十八などにもあるという。三従は女性の罪深い悲しい身の上を表現し、五障と組になって「五障三従」という女性の業障深重《しんちょう》を表す決まり文句になる。生まれながらに五障三従の身で救われないという単純な思考は、すぐには受け入れられず、社会・政治状況の変化に伴って徐々に定着した。

仏教用語の定着

平雅行は仏教が女性にかかわる言葉として、三従、五障、龍女成仏、転女成仏経、女人結界、を取り上げ、こうした差別的な表現を含む文言について十一世紀にいたる文献を検討していくつかの新知見を示している（平、一九九二）。それによると、九世紀前半までは「三従」については、山上憶良《やまのうえのおくら》の漢詩を除いては登場しない。「五障」は元慶七年（八八三）の式部大夫藤原朝臣室《しつ》の逆修願文《ぎゃくしゅがんもん》に始まり、「龍女」「龍女成仏」は左大臣藤原実頼《さねより》の娘述子の追善願文（九四七年）、『転女成仏経』は正倉院文書を除けば、追善・逆修として書写した初見は、藤原高経《たかつね》の先妣《せんぴ》への周忌追福（八八四年）である。結論として「『龍女成仏』の登場は時期的にやや遅れるものの、五障と龍女成仏とが密接な関連があること、また五障・変成男子・龍女成仏と『転女成仏経』・変成男子という、類似した観念の登場時期がほぼ一致していることからして、女性差別文言の登場は九世紀後半からであり、摂関期には貴族社会にほぼ定着していったと見てよかろう」という。『法華経』「提婆達多品」の龍女成仏や『転女成仏経』の女人不成仏の思想はこのころに定着したとする。十一世紀からは『転女成仏経』を女性の供養に読む慣行も生み出される（西口、一九八七）。これは女性は成仏にあたり、いったん女身を脱して男身になって成仏できるという趣旨で、『法華経』や『般若心経』とともに読まれた。こうした仏教的な女性差別観の定着には、社会的背景として、律令制下の家父長制原理がしだいに確立して貴族社会に浸透して、貴族女性の政治的地位が低下したことがあり、これに穢れ観の肥大化が加わったとみるのがほぼ定説のようである。

五障と龍女成仏の観念の普及にあたっては法華《ほっけ》八講《はっこう》の盛行があろう（間中、一九七二）。八巻を八座に分けて一日朝夕二巻ずつ四日間で講ずるが、第三日の朝座《あさざ》が「提婆達多品」を講ずる「中日」「五巻の日」として荘厳であった。特に後半部の龍女成仏に大きな期待が寄せられた。その様相は『梁塵秘抄』の四句《しく》神歌《かみうた》や法文歌《ほうもんか》、『源氏物語』賢木《さかき》巻の描写などに現れているという。八講の初見は延暦十五年（七九六）に大安寺の住僧の勤操《ごんそう》が行った講会《こうえ》に遡るが（『三宝絵詞《さんぼうえことば》』巻中）、実際には天暦九年（九五五）の村上天皇が亡母追善で行った御八講のころから隆盛となった。十世紀半ばという時代、女性側にはしだいに蔑視が加わり排除されていく傾向が強まったとしても、『法華経』に女人成仏の願いを寄せて、仏にすがり救済を求め、寺に参詣して僧侶に依頼して祈願をした。罪をあがなうために出家や受戒《じゅかい》などの仏教的滅罪の行為や仏事により功徳を積んで、病気平癒や成仏を願ったりもした。それは自己の救済を越えて、家族や他の世俗の人々に広がっていく。『枕草子』に記されるように、観音霊場への参詣や山籠は盛んに行われ、大和の長谷寺、山城の清水寺、近江の石山寺、紀伊の粉河寺《こかわでら》などでは、女性の参籠を受け入れ、子授け、安産、富貴長命、病気治し等が願われ、観音の夢告《むこく》や奇蹟により女性が受けた霊験が語られた。観音という母性を体現するような菩薩の存在は、女身《にょしん》を神仏と一体化して理想化させる意志を働かす。仏教はまさしく仏法、有難い教えとして受容され、神仏は一体であり、仏法という特別な呪力によって救われると解釈され、法力を介して仏教は民間に浸透した。また、女人禁制の高野山に対して、各地に女性の参詣を許す女人高野が生み出され、慈尊院、室生《むろう》寺、河内長野の天野山金剛寺、那智の妙法山阿弥陀寺も同様であった。民衆の間には、女人禁制を相対化し、教説とは別の形で救いを求める行動があった。

女人往生

教義に関しても女性を完全に排除するわけではなかった。女人は障り多き存在だが、有難い仏法の力で往生できるという女人往生思想が平安時代に旧仏教を主体に現れて（平、一九九二）、大きな流れとなる。法然は『無量寿経釈《むりょうじゅきょうしゃく》』で四十八誓願中の第三十五の女人往生願について言及し、比叡山や高野山などの山岳、東大寺・崇福寺・醍醐寺などの寺院が女人を拒否してきた実状を述べる。「比叡山はこれ伝教《でんぎょう》大師の建立、桓武天皇の御願なり。大師自ら結界して、谷を堺《さか》ひ、峰を局《かぎ》つて、女人の形を入れず。一乗の峰高く立ちて、五障の雲聳《そび》ゆることなく、一味の谷深くして、三従の水流るることなし。薬師医王の霊像、耳に聞いて眼に視《み》ず。大師結界の霊地、遠く見て近く臨まず。高野山は弘法大師結界の峰、真言上乗《じょうじょう》繁昌の地なり。三密の月輪《がつりん》普《あまね》く照らすといへども、女人非器《ひき》の闇をば照らさず。五瓶《ごびょう》の智水《ちすい》等《ひと》しく流るといへども、女身垢穢の質には灑《そそ》がず。これらの所において、なほその障《さわ》りあり。いかにいはんや、出過三界道《しゅっかさんがいどう》の浄土においてをや」として、「悲しきかな、両足を備《そな》ふといへども登らざる法の峰あり」と女性は霊山へ足を踏み入れず、遠く仰ぐだけであると慨嘆している。法然は女人が五障三従で煩悩深重の身であることを前提としたうえで、男女の区別を問わず極楽往生して成仏を遂げるものとして念仏をといた。しかし、女人禁制については、あくまでも経典の趣旨を述べるにとどまり、積極的に否定論を展開したわけではない（小原、一九九〇）。法然や親鸞のように念仏による女人往生を説く鎌倉新仏教の言説が、直接に女性救済に結びつくという見解（笠原、一九七五）に対しては批判が多い。一遍だけが男女、浄不浄を問わず、非人を含めての極楽往生を説いた。

一方、道元は『正法眼蔵《しょうぼうげんぞう》』「礼拝得髄《らいはいとくずい》」巻の後半部分で「日本国にひとつのわらいごとあり。いはゆる或《あるい》は結界《けちかい》の地と称じ、あるいは大乗の道場と称じて、比丘尼・女人等を来入せしめず。邪風《じゃふう》ひさしくつたはれて、人わきまふることなし。（中略）かの結界と称ずる処にすめるやから、十悪をおそるゝことなし、十重《とえ》つぶさにをかす」と述べて、男女区分の「かくのごとくの魔界は、まさにやぶるべし」と女人結界を痛烈に批判している。ただし、この言説は比叡山など旧仏教への批判的言辞として書かれたものであり、後年は出家至上主義へと転換して女人成仏については否定的になる（今枝、一九七〇）。『正法眼蔵』が二十八巻本から七十五巻本に整理された段階で、この部分は削除されてしまったという。

仏教の教義にある女性排除の論理は、日本的な選択的仏教受容の過程で徐々に浸透し、排除と包摂の間を揺れ動いた。その緊張感がよってたつ原点として男性側が意図的に設定した規則こそ、山岳や寺院における女人禁制であったのであろう。男性側の持つ女性側への危うさの認識がその根底にあり、ジェンダー・バイアスがあることは否めない。

女性と仏教の接合

女性のあり方は、しだいに仏教的世界観に包摂されてきた。時代的にみると、八世紀には外来思想たる仏教は教説として規範として受容されたが、九世紀以降になると仏教の教養もさまざまに展開して定着化が進み、十世紀や十一世紀の摂関期には社会的影響を及ぼすにいたり、十二世紀の院政期にはほぼ定着するとみてよい。仏教の教義には初期経典や大乗仏典の中に色合いを変えながらも女性差別的な論理が含まれている（岩本、一九八〇）。インドでは仏陀が女性の出家に難色を示し尼には特別の戒律を付すなど初期から低い地位に置かれ、中国でも僧の出家が尼に先行した（竺沙、一九八九）。仏教だけでなく、儒教や道教など中国で体系化された思想には強い男尊女卑の考えが含まれている。従来はこのような経典類に書かれた女性観を無批判的に受け入れ、経典に基づいて女性は男性の修行の妨げをなすものとして排除し、それに基づいて厳しい禁忌や規制を課す傾向が強化されたと考えられてきた。しかし、インドや中国の思想に男尊女卑の様相が色濃いのに比べると、日本での受容の仕方は異なり、女性の忌避や排除がやや寛容なものになっているともいう（勝浦、一九九〇）。日本での最初の出家者は、善信尼・禅蔵尼・恵善尼という三人の女性で、善信尼は一一歳、他も未婚の少女であった可能性が高い。これは敏達天皇十三年（五八四）のことで、その後も尼僧が相次いで出た。日本では仏教を当初は「蕃神《あだしくにのかみ》」の信仰、つまり外来神として受け入れたのであり、巫女による神への奉仕が、尼による「蕃神」たる仏への奉仕と重ね合わされて受容されたという見方（桜井、一九七七。田村、一九八〇）を支持したい。日本では仏教は巫女の祭祀と結び付いて定着した側面があった。古代以来の巫女による神霊の憑依《ひょうい》や託宣は個人と国家の双方の指針となり、仏教も鎮護国家、五穀豊穣や雨乞いを目的として国家儀礼を展開する形で受容され、相互に補完し浸透しあった。また、男性出家者より尼が先に生まれたことは、インドや中国と比べて、女性の忌避や排除が顕在化していなかったことを示す。そこで注目したいのは男女の組をなす祭祀形態であり、古代の尼と僧の関係や男女の平等性との連動を考慮したい。

男女平等観の変容

八世紀初頭の僧尼令では、尼と僧は対等で尼に対する差別はなく、尼寺と僧寺を対にして建立して官尼を創出するなど、女性差別の意識は見られない（牛山、一九九〇）。『日本霊異記』には女性蔑視観や女人不浄観もほとんど見えない（関口、一九八三）。しかし、尼にはしだいに出家の制限が加えられ、制度上では官僧の資格を得る年分度者制から排除され、臨時度も天長五年（八二八）以後は確認できない。尼は仏教界の組織へ登用されず、得度《とくど》や受戒でも不均等に扱われ始め、九世紀後半ころから尼寺が退転し、承平元年（九三一）には尼寺を僧寺にする記事が見られる。この時期は、平雅行が考察したように、女性差別文言が登場し始めるころと重なっている。宗教界が男性中心へと再編が進むにつれ、宮廷巫女や官尼の地位が低下し、女性宗教者の地位が不安定化して、女人結界が定着する。高取正男も、奈良時代末期から平安時代初期での祭祀組織の整備で女性司祭が消えていき、女性の祭事への関与を忌むようになるが、他方で山岳仏教の成立や女人結界が現れるなど、相互が連動することに注目し、日本宗教史の大きな転換期と考える（高取、一九七九）。

男女の対をなす祭祀者は古代の神事にみられ、平等性のみに注目すれば尼と僧の関係と照応する側面もある。義江明子は賀茂の祭神が玉依姫と玉依彦という兄妹の男女対の神話的形象に由来し、祭祀をその子孫とされる男女のヒコとヒメが組になって担当し、ともに神霊と交流する巫覡《ふげき》であった可能性を示唆した（義江、一九九六）。タマヨリという神霊の憑依を意味する呼称が男女に付随している以上、女性の霊力のみを強調するのはおかしいという。男女が対等で組をなす形態は神婚の意味もあったが、しだいに変化して男性が支配権や祭祀権を握って女性の祭祀を統制する、あるいは男女の機能を分離し女性が神の母に祀り上げられ平等性を喪失する、巫女も一般の女性から処女に限定され、女性の祭祀への関与に制限が加えられる、など大きく変貌する。この変化は尼と僧の対等関係が男女の不均等性や、男性の優位と女性の劣位という優劣関係へ傾斜したことと並行しているのではないだろうか。

正規の女性の専門的宗教者は排除されるが、国家統制から外れた自由な女性の出家が増大して、民間での尼の活動は活発化する面もあった。その中には巫女的な存在も含まれていたであろう。九世紀以後に国家統制から外れた女性の出家は、夫と死別して尼になるという形をとるが、これは死や来世にかかわるものとして仏教が民間に受容されていく現象でもある(勝浦、一九九五)。この背景には、八・九世紀以降は、親族組織が変貌し、双系制を基盤とする平等な男女関係が、父系主体の家父長制に変化して女性が共同体成員としての権利を失い男性に従属していく過程があるようだ(義江、一九九〇)。政治・社会の変動の中で、女性の社会的地位が低下し、男性主導の社会の登場で女人禁制が現れるのである。

一方、中世では男女の一対の祭祀という形式は、修験と巫女の憑祈禱《よりぎとう》に姿を変えて受け継がれる。熊野詣では、『渓嵐拾葉集《けいらんしゅうようしゅう》』(貞和四年(一三四八))第六「記録部」によれば、道中の忌詞《いみことば》で、男はサヲ、女はイタで、棹《さお》や厳《いつ》に通ずる巫覡をさす詞で呼ばれた。熊野詣の道者は精進潔斎《しょうじんけっさい》して自らを巫覡に擬して浅い憑霊感覚で歩く意識があり、守護霊は護法童子であった。熊野が女人禁制でなかった理由の一つはこうした男女の平等性の意識をとどめていたからかもしれない。

死後の女性と穢れ

山への納骨と女性

女性の側から教理・教学を読み変えていく動きとして納骨の問題も無視できない。女性は現世では山岳や寺社の結界の中に入れなかったが、死後の世界では別であった。特に、高野山は、十一・十二世紀ころから、大師が入定《にゅうじょう》したまま慈尊（弥勒）下生《げしょう》の「三会《さんえ》の暁《あかつき》」を待つ所と観念され、末世の衆生《しゅじょう》は大師とともに浄土往生を確証するために、追善供養として親族の遺骨・遺髪・爪などを山上へ納める納骨が急速に増加した。骨になれば男女の区別はなくなり、女人結界を越えて納められる。胎内に女性の遺骨を納めた仏像を本尊とする寺院もあった。納髪は万寿三年（一〇二六）に藤原道長の娘、上東門院が御落飾の髪を奥の院御廟前に納めたのが始まりとされる。遺髪の奉納は、『高野春秋』巻四、天仁元年（一一〇八）二月十五日条の堀河天皇の記事が初見と伝承される（日野西、一九八二）。中世から近世までこの慣行は継続し、夢告《むこく》による四句《しく》文が流布して、高野山の霊地に一度参詣すれば、功力《くりき》によって罪障は消滅し六道のうちの三悪道（地獄、餓鬼、畜生）から遁れて兜率天《とそつてん》浄土や極楽浄土に赴き、即身成仏もかなうと高野聖《ひじり》は唱導した。「霊地の機能である罪障消滅と往生成仏とが、納骨の目的でもあったのである」（阿部、一九八九）。大師信仰と阿弥陀信仰、これが葬送や納骨、死者供養を行う高野聖の活躍を生んだ（五来、一九七五）。

民間では、弘法大師は各地の弘法清水や大師講に見られるように、遍歴するタイシ、「神の大子《おおいご》」（御子神《みこがみ》）として受け入れられ、毎年霜月二十三日前後に訪れる来訪神の性格を獲得していく。大師は麦や野菜を他所から運んできた、杖で大地から水を出したなどの霊験が伝えられている。一方、高野山奥の院では大師が生きているという入定留《にゅうじょうる》身《しん》伝説があり、未来に弥勒が救済に訪れる時を待望して納骨してその力にすがる。ここには、仏教の教説とは異なる救済の思想がある。骨が霊魂の依り代で、死後の霊魂は山中で鎮まるという観念は、タイシ信仰と合わさって、山中の納骨による死後の無性化や浄化を導き出した。

一方、比叡山でも、高野山と同時期に類似の動きがあり、女性の納骨は許されていた。中世の比叡山は、「六即結界」「内地浄刹結界」があり、山を経《へ》巡る回峰行の往還を想定して厳しい女人結界が設けられていたが、遺骨は性別や浄穢を越えたものと認識されて納骨された。その理由は、無動寺大乗院に伝わる慈円による建久五年（一一九四）の願文が述べている。「当山は大師の誓願として、女人の攀躋《はんせい》を嫌う。聖霊《しょうりょう》なおこれを恨《うら》むといえども、而《しか》して今遷化《せんげ》の故、居を此の霊地に建立し、追福の仏像を安んじてその本尊となす。誠にこれ先院の聖霊、変じて男子と成り、菩薩の行を具して等正覚《とうしょうがく》を成す者。彼の霊山説法の昔、龍女《りゅうにょ》は南方無垢界に即往せり。比叡修善の今、聖霊宜しく西方極楽界に往くべし」（『門葉記』大正新脩大蔵経図像、第十一巻）とある。この寺は宮中の女性の遺髪を納め、阿弥陀如来を本尊としていた。趣旨は死亡した女性は「遷化の故」に男性に変成して覚者となって女性ではなくなり、本尊に祀られても構わないとされる。変成男子と龍女成仏に基づいた仏功徳がとかれ、転女成仏により浄土往生を遂げる。しかし、西口順子のいうように、男性に対して女性を劣位に置いたうえでの憐れみによる救済でしかない（西口、一九八七）。教説にのっとって女性の納骨を許容するのであり、高野山とは異なる。

納骨や納髪をめぐる慣行は、高野山では、教義とは別の形で民衆が死後の世界に救いを求めた様相を如実に反映する。肉体の一部であった骨・髪・爪を死後に切り離して祀り、山の巨大な浄化力と、救世主にも似たタイシ（大師）の下で成仏させる。穢れを浄に転換することを可能にするのは、山という聖地と大師という生き神である。山は反転や逆転の場で、現世では穢れとされる骨という肉体の一部を分離して供養し死霊を浄化する。

関西では、高野山や那智妙法山は死後の霊魂が鎮まる山とされ、死者の遺骨を納めて成仏が願われた。霊魂が宿る可視的なもの、骨・髪・爪が山上にあるという意識は、男女の性別を越えて死後の成仏の願いを支えた。滅罪や成仏という仏教的言辞を弄しながらも、根底にあるのは山中他界観で、死霊が山で年月をへて清まり祖霊から神へと転換し、弥勒下生で男女が共に救われることを人々は願った。こうした民俗的基盤や日常の意識から、女人禁制に含まれる男性主体の論理を相対化する視点があった。

地獄思想の展開

女性と地獄の関連については、『華厳経《けごんきょう》』に「女人は地獄の使いなり。能《よ》く仏の種子《しゅじ》を断ず。外面は菩薩に似て内心は夜叉《やしゃ》の如し」と説かれ「地獄の使者」であるともいわれるが、この説の流布は九世紀以降であるという（勝浦、一九九五）。一般に大きな影響を与えたのは、源信の『往生要集』（寛和元年（九八五）成立）で、厭離穢土《おんりえど》、欣求《ごんぐ》浄土《じょうど》を説いて地獄を具体的に描写し、地獄思想の普及に大きな役割を果たしたとされる。中世では地獄絵や六道絵、十王図や来迎図、絵巻物などの題材となり、江戸時代には和字絵入り本も登場する。かくして、山には仏・菩薩の居ます阿弥陀の極楽浄土、密教の密厳《みつごん》浄土、『法華経』の霊山《りょうぜん》浄土、弥勒の兜率天浄土、観音の補陀落浄土がある一方、八熱《はちねつ》地獄（等活《とうかつ》・黒縄《こくじょう》・衆合《しゅごう》・叫《きょう》喚《かん》・大叫喚・焦熱《しょうねつ》・大焦熱・阿鼻《あび》）や八寒《はっかん》地獄、血の池地獄があるとされた。そして女性の場合、死後は地獄必定の観念がしだいに定着した。近世ではこれに『血盆経《けつぼんきょう》』が説く血の穢れや業が深いとする観念が加わって、特に、産死者への恐れが強まり、異常死した女性の霊があの世をさまよい、生前の悪業の結果で山中の地獄に堕ちて苦しむという観念へと展開する。

　地獄思想の普及の場となり、現世で地獄を実感させ死霊と出会う場と観念されたのは劇的な景観を持つ立山であった。ここは『観無量寿経』に説く九品《くほん》の浄土にたとえられる一方、数多くの地獄があるとされた。火山活動により、室堂《むろどう》付近には熱湯や熱泥をあげ、凄まじい音を立てて噴煙を噴き上げる谷があり、有毒の亜硫酸ガスや硫化水素が立ち籠め、飛ぶ鳥も落ち、一木一草も生えない荒涼たる情景を呈しているので、人々はそこを地獄谷と呼び（図31）、他界がその姿を現世に現したと考えたのである。立山地獄は、十一～十二世紀ころには全国に名を知られ、現世で罪を犯した者の多くが、死後に堕ちるという話が文献に現れ

図31　立山地獄谷（鍛冶屋地獄）

る。『本朝法華験記』（長久年間〔一〇四〇～四四〕成立）第百二十四話は、立山地獄を「昔より伝へ言はく、日本国の人、罪を造れば、多く堕《お》ちて立山の地獄にあり、云々といふ」と描写する。この話は、修行者が立山に詣で、近江国蒲生郡の仏師の娘の亡霊に会う。女は前世で父が仏像を売った金を衣食にあてていた罪によって地獄に堕ちて苦しんでいると告げた。父母への伝言を託し、遺族の法華経書写の供養により観音の助け（代受《だいじゅ》苦《く》）を受けて救済されたという。『今昔物語集』巻十四第七には、同一内容の話があるが、巻十四第八では、三人の息子が自分の母が亡くなった後、立山で地獄を一つずつ訪ねて『法華経』を読み、錫杖《しゃくじょう》供養をすると母が現れて、「前生に罪を造り、人に物を与えずして地獄に堕ちた」と語る。

『今昔物語集』巻十四第八では、越中国の書生の妻が亡くなり四十九日の供養の後、残された三人の子供が聖人を伴って立山地獄へ赴き、亡母の声を聞き、苦しみを逃れるために、『法華経』千部の書写を依頼され、完成して法会を催すと、母が地獄を離れて忉利天《とうりてん》に転生した夢告を受ける。巻十七第二十七では、仏僧が立山に籠っていると、夜の丑の刻に人影が現れて、京都七条の大家の娘であるが地獄に堕ちて苦しんでいると告げる。亡霊は父と兄へ地蔵尊の供養をせよと伝言を託し、その通りにすると苦しみから救済されたという。このように、当時の人々は山中で死者の霊と会えると信じ、夢告で交流し、地蔵や観音の霊験にすがって『法華経』の功徳を讃え、死者の滅罪供養を行っていた。中世の話には法華功徳譚《たん》が多く、忉利天に転生する様相も色濃い。

立山地獄の影響

『今昔物語集』では、女性が現世での罪で死後に立山地獄に堕ちるとされるが、血の穢れの思想は見られない。後世の立山のように、産穢で死んだ女人が死後には血の池地獄で苦しめられ、血穢ゆえに地獄に堕ちるという描写は現れていない。ただし、女性は死後に餓鬼道や地獄をさまようとか、地獄の使者であるという教説の影響が見られる。

立山地獄は、説話文学、絵巻、謡曲などで描写され、女性と地獄との結びつきは強固になる。たとえば、十三世紀半ば成立の『地蔵菩薩霊験記絵巻』（アメリカ、フリア美術館蔵）の第二段の詞書と絵には、修行者の前でうずくまって泣き訴える全裸の女性と、地獄の三苦の模様（女性の代わりに火焔の中で苦しみを受ける地蔵菩薩に合掌する裸女、身代わりに剣の山に登る地蔵菩薩と見送る裸女、断崖で逆さ吊りで赤鬼に棒で打たれて背から血を流す裸女）が描かれ（林、一九九五）、『今昔物語集』や『三国伝記』巻九第二十四話の描写と類似する。しかし、次第に阿弥陀の極楽浄土への救済へと傾く。

一方、室町時代には、立山に題材を採った謡曲『善知鳥《うとう》』が成立し、男性が地獄に堕ちた姿が描かれた。陸奥の外ヶ浜《そとがはま》の猟師が、善知鳥という鳥を沢山捕まえて殺した報いで死後に立山地獄に堕ち、責め苦に苛《さいな》まれ、立山に登る僧に救《たす》けを求める話で、男性の殺生の罪業《ざいごう》が強調されており、女性のような身体の生理機能に根ざす本質的な地獄との結びつきはなく、行いを省察する倫理意識が強い。

仏教の教説で女性が地獄との関連が深いと、死後の世界について説かれたことは、女性は死後必ず地獄へ堕ちるという論理となり、山の地獄で苦しむことが必定となる。他界の負の側面を強調する仏教の地獄思想と、現世の劣性を帯びた女性が接合して強化され、山が双方を結びつける。死後に山の地獄しか行き場がないとすれば、現世に観念上の山を作って、地獄から浄土に至る転換の場とし、生前に成仏の証を得ようとする展開は必然で、これが後世の浄土入りの儀礼に結実する。さらに、地獄と女性の結びつきは、民間での地蔵信仰も強化した。幼くして亡くなった子供が賽《さい》の河原で鬼の責め苦をうけ、これを地蔵が救う。救済者の地蔵にすがるのは圧倒的に女性である。産死や幼児死の多かった時代、母と子の絆を支えるのは地蔵であり、地蔵こそは境界に立つ姥神《うばがみ》の男性版なのである。女性の穢れを強調する『血盆経』も、水辺の霊が地蔵の導きで、女人得脱の方式を得ると説く（「女人成仏血盆経縁起」安政四年〔一八五七〕、正泉寺蔵。萩原、一九八三）。地獄と地蔵と女性の結びつきは、近世にいたっていっそう強化され、定着していったのである。

血盆経

女性の不浄観が社会に浸透するのに力があったのは、中国で作られた偽経とされる『血盆経』の流布で（松岡、一九八九）、血の池地獄を強調して、女性のみが堕ちる新しい地獄観を定着させた。その趣旨は女性の経血や産血が地面に流れ、その不浄が地神に触れて穢し、女性が穢れた衣類を谷川で洗い、その水で煎じた茶を諸聖に供養した罪のために、死後自ら流した血でできた血の池地獄に堕ちて血盆池で苦しむと説き、血の穢れの観念を増幅した。『血盆経』は室町時代の十五世紀ごろに伝来し、写本の流布は江戸時代であるが、熊野比丘尼の『観心十界図《かんしんじっかいず》』の絵解きを通しても広まった（萩原、一九八三）。この曼荼羅は主に女性を対象とする絵解きに使われたので、女性のみが堕ちる血の池地獄、石女《うまずめ》地獄や両婦《ふため》地獄を描き、目連救母《もくれんきゅうぼ》の諸相や地蔵の六道輪廻からの救済や、施餓鬼《せがき》供養と施しの功徳を説いて、熊野への参詣を勧めた（黒田、一九八九）。立山の絵解きに使われた『御絵伝《ごえでん》』、つまり立山曼荼羅（図32）にも、図幅の中に出産で亡くなったために血の池地獄に堕ちて苦しむ女性や、女性供養の『血盆経』を納める姿が描かれ、死者供養が願われた（林、一九八二。高達、一九九七）。女性救済のために、立山の芦峅寺《あしくらじ》で秋の彼岸の中日に執行されたのが、布《ぬの》橋《ばし》灌頂会と呼ばれる逆修の儀礼で、立山を遥拝し現世で浄土に結縁して救済を求めた。

図32　立山曼荼羅（来迎寺本）

一方、産死者の供養である「流れ灌頂」（図33）にも『血盆経』の影響がある。これは川施餓鬼で、死者名を書いた灌頂幡《かんじょうばん》や塔婆《とうば》を水にさらして死産の女性を供養したが、出産の穢れと産死の穢れという女性でないと起こりえない二重の穢れを清めるとされたので、女性の不浄を強調した。赤子の死をもたらせば産褥《さんじょく》死の死霊はウブメ（産女）となって彷徨《さまよ》うのであり、幼児死亡率の高かった当時、女性は一層の劣位性を帯びることになった。地獄に堕ちずに成仏するには『血盆経』を読誦すればよいとされ、女性は経典に従って施餓鬼供養を営み、経典を書写して往生を祈願し、池や川に投げ入れて追善供養をした。

　このように近世では女性の月経や出産の穢れ、血の穢れの強調、それに対する不浄観、神仏を穢して罰を受け悪業が深いという思想

図33　流れ灌頂（高野山奥の院）

が、絵解きや和讃など視聴覚に訴える場や女性の講の集まりを通じて民間信仰と習合して速やかに深く浸透した。女人の念仏講で唱えられる和讃のうち、『血の池地獄和讃』では、『血盆経』の血の池地獄の描写が取り入れられ、女性は「不浄水」の月経の経血によって神仏を穢す罪を犯すために、身分の上下にかかわらず血の池地獄に堕ちると説く。和讃は女人講や子安講などでも読まれ、十九夜講の月待ちでは如意輪観音《にょいりんかんのん》に安産祈願がなされたが、この観音の形姿は膝を立てた姿で女性の坐産を現すとも考えられていた。

山形県の置賜《おきたま》地方では講

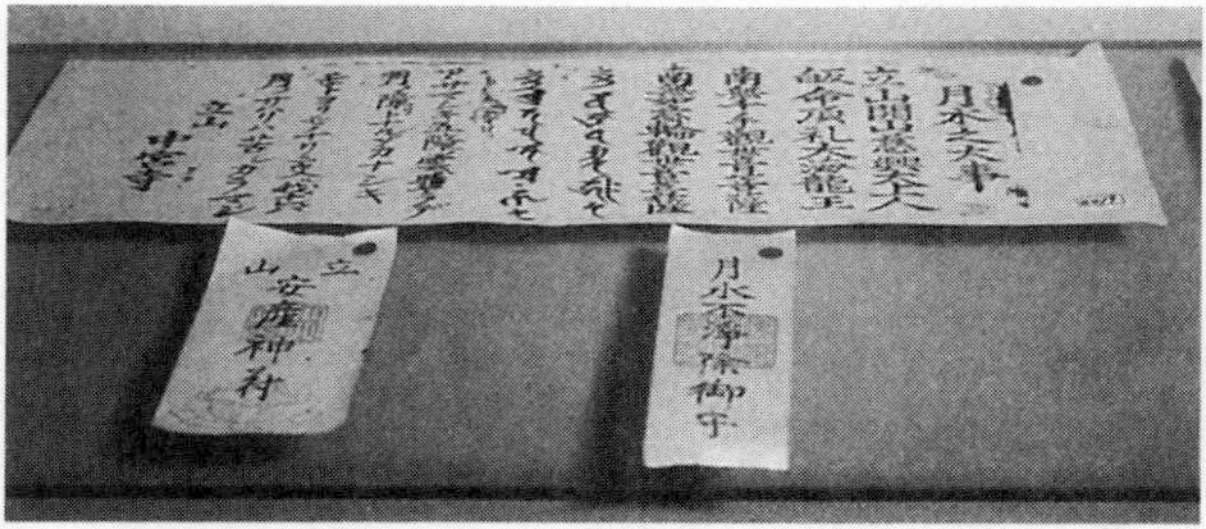

図34　月水不浄除御守

の集まりで「女一代月役守《つきやくまもり》」という呪符《じゅふ》を寺で作って配ったが、もともとは修験が配布し、これがあればタヤ（田屋）という月小屋に籠ったり別火したりする必要がなかったという。そこには「モトヨリモチリニマチワル神ナレバ月ノサワリモクルシカルマジ」（原文のまま）と和泉式部への熊野権現の歌が書かれてあった。これは立山の芦峅寺が配った「月水不浄除御守」（図34）と同様である。『女人往生和讃』も「血盆（血の池）地獄」に堕ちるとして、『大無量寿経』に説く阿弥陀の女人救済の誓願、第三十五願に触れ、五障三従で高野山に登れない由来を説いて、阿弥陀にすがる往生祈願を行う。死者供養、安産祈願、往生祈願などに『血盆経』の影響がある。

『血盆経』は女性の生物学的特徴を罪とし、血に対する嫌悪を、女性の不浄、穢れへと拡大した（中野、一九九三）。曹洞宗では『血盆経』は女人救済の経として定着し、女性が授戒会《じゅかいえ》で授かった『血盆経』を、信者の不浄除けや往生祈願の護符として配り、死後に棺に納めた。これは結果的に女性の不浄視を拡大したといえる。『血盆経』

は女性の固有の生理、特に月経と出産の血の穢れを強調し、産死を血の池地獄に結びつけ、女人往生や不浄除けの祈願を根拠付けた。地獄と女性の結合を説く教説、立山や恐山など山中にある血の池地獄の実在感、立山や熊野など山の聖地での救済の可能性など、多様な要素を女性に収斂させ、女人結界を維持する理由づけとしての不浄観を定着させる機能を果たしたのである。血穢の観念が仏教の正典に無い、いわゆる偽経と結びついて流布した皮肉な歴史といえよう。文字に書かれた経典は、中国で作られても正統的なものとして民間に受容され、穢れの強調、不浄観の生成、差別の固定化に大きな影響をもたらした。仏教と民間信仰の習合が穢れ観を定着させ増幅させた歴史が極端な形で現れているのである。

布橋灌頂会

地獄から女性を救済する儀礼としては、毎年旧暦七月のお盆に立山山麓の岩峅寺《いわくらじ》が行っていた「大施餓鬼血盆納経式」や「女人血盆池破戒供養」があり、『血盆経』を血の池に投げ入れて、地獄に堕ちた産死者の供養をし、お経を安産の護符として身につけたり、亡くなった時に棺にいれて地獄に堕ちないように祈願した。護符は、衆徒が牛玉札《ごおうふだ》とともに全国に配って歩き、立山曼荼羅の絵解きをして、地獄の恐怖と『血盆経』の功徳を説いた。

一方、芦峅寺は江戸時代に橋渡しの逆修儀礼を行い、文政期（一八一八～一八三〇）以降は秋の彼岸の中日に布橋《ぬのばし》灌頂会として執行し女人の極楽往生を確証させた（福江、一九九八）。越中だけでなく近隣の国々からも多数の女性信者が集まり、芦峅寺は、多額の寄進を

図35　布橋灌頂会（平成８年復元・神田より子撮影）

図36　媼尊

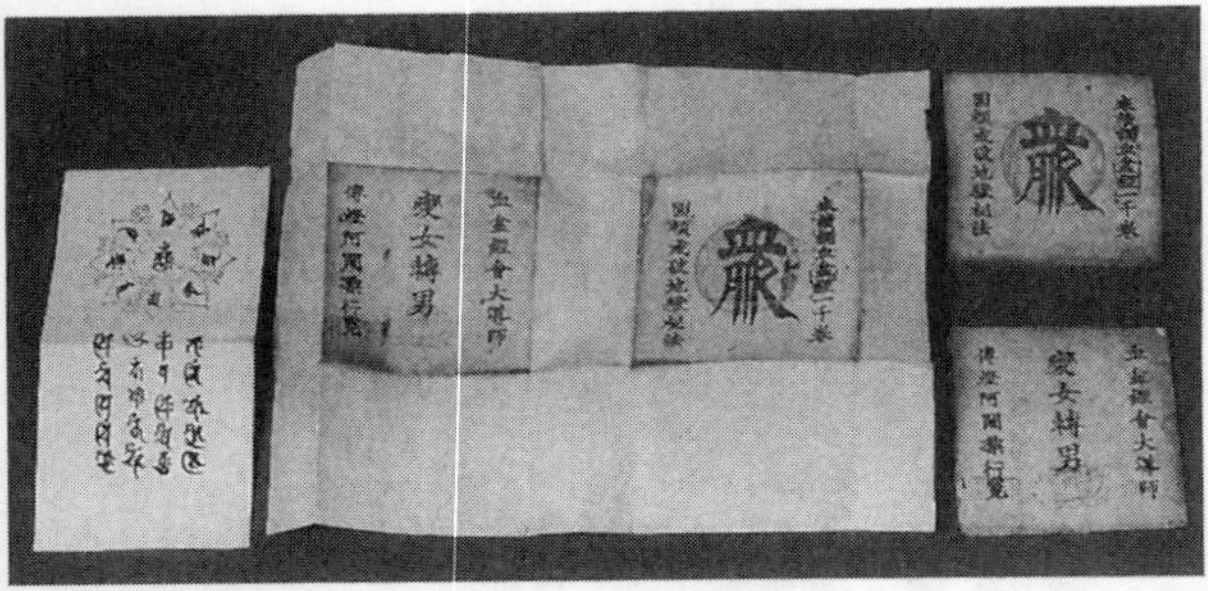

図37　布橋灌頂で授与される血脈

得て財政的基盤を安定化し、莫大な収入を得た。これは、来世での成仏、地獄極楽の強調、地獄に堕ちることからの救済を説き続けてきた立山衆徒が、民衆に対して現世でできる最大の儀礼で、女性が芦峅中宮寺の閻魔堂から媼《うば》堂まで三町の間の橋に三筋に敷かれた白布の上を渡るのである（図35）。閻魔堂で懺悔して閻魔大王から裁きを受けて、目隠しをした女人たちが経帷子《きょうかたびら》をまとって、僧侶に導かれて明念坂《みょうねんざか》を下る。媼ヶ谷（媼堂川）に渡された布橋では、心掛けの悪い者は転落して龍に呑まれるとされた。橋は現世と他界の境界で、此岸《しがん》は胎蔵界、彼岸は金剛界ともいう。橋を渡ると累々たる墓があり、六地蔵の脇を通って媼堂へ入る。中には根本の三体の媼尊と日本六十六ヵ国に因んで六十六体の媼尊（図36）があった（現存最古の像は南北朝時代）というから異様な光景であったであろう。扉が閉じられ、暗闇の中で線香が薫《た》かれ寿司詰めになった状態で、南無《なむ》阿弥陀仏、南無大師遍照金剛《だいしへんじょうこんごう》など自己の宗派に応じて経文や名号を称え、神仏と一体の恍惚感に浸った。ここでは特定の宗派にこだわらない。最後に後戸《うしろど》を開け放つと、遥か東方に夕暮れの残光に輝く神々しい立山が遠望され、これを伏し拝む。終了後、信者には媼尊の護符、変女転男の御札、『血盆経』、「月水不浄除御守」(図34)、灌頂の血脈(図37)が配られ、たとえ血の穢れがあっても往生できるとした。使用された三百六十反の白布は、別山頂上の硯ヶ池の水で経を書いて経帷子に仕立て、流れ灌頂で供養した後に各地の信者に配られた。死後にこの経帷子を着ると極楽往生が約束されたといい、真剣な願いが籠められた。この儀礼は開山の母の葬礼の法式に従うとされ、観念的には死んで甦ることで浄土入りを果たした。擬死再生の精神は男性の禅定(山岳登拝)や修験道の峯入りとも共通するが、それを山麓で女性に限定して実施したのが布橋灌頂であった。神仏習合が民俗の思想を取り込んで成立した甦りの儀礼である。

浄土入り

媼堂に祀られる媼尊は俗称オンバサマで、芦峅版『立山縁起』では天地の始まりに五穀と麻の種を持って天下ってきたと伝えられ、その死後は冥界の守護神になり「衆生生死の惣政《そうまん》所《どころ》」として人間の生死を司ることになった。冥界の住者であれば醜いのも当然で、死後のイザナミノミコトを彷彿させる。これに天台・真言の密教が影響して本地は大日如来とされた。その姿は醜怪で、中には乳房をだらりと垂らしたものもあるが、醜いとされる山の神や山姥《やまんば》、山中の獲物や食物など富を齎《もたら》す女神の形象化とも見られ、狩猟民と農耕民の双方を守護する大地母神の様相もあり、母なる山を体現するものかもしれない。『媼堂秘密口伝』には「造化《ぞうけ》三神」で「天地万物の母体の徳を現し、寿命長久、五穀豊饒、子孫繁昌、諸願満足の誓を立てたまふによつて、媼の御字を以てして媼尊と崇め奉る」とある（広瀬、一九七七）。立山の姥は、本来は媼の字を使っており、女へんのつくりに田の字を三つ書いて農耕の守護を表したとも、母を三つ書いて万物の母神を表したとも伝える。さらに、かつては春の初めの二月九日の祭日に合わせて、村の女性たちが白衣を織り、それを開山堂へ持っていって拝んだ後に、媼尊の衣に着せ替えを行った。これは春にあたり活力を更新する意図があったと思われるが、東北地方のオシラサマが村の女性やイタコという巫女の手により、小正月過ぎや三月十六日にオセンダクと称して着替えさせて遊ばせることと類似し、北方系のシャーマニズムの影響さえ感じさせる。一方、媼尊は山麓の境界に祀られる姥神としての山女神で、立山権現の母、開山の慈興上人佐伯有頼《さえきのありより》（または有若《ありわか》）の母であるとされる。有頼は実在したらしいが、有は顕現する意味のアリ、頼は憑依《ひょうい》する意味のヨリであって、開山を巫覡《ふげき》とする伝承と見られる。また、芦峅側には閻魔堂があり、開山の母を祀るという媼尊には、奪衣婆《だつえば》の属性もある。明治の神仏分離で媼堂が解体されたとき、媼尊を卑賤な奪衣婆と見なし、この見解が行政側に採用されて媼尊像は四散した。立山の媼堂は下北の恐山山麓の大畑町正津川《しょうづがわ》（現・むつ市）の優婆堂《うばどう》と類似する。ここの優婆は三途川の奪衣婆や葬頭河婆《そうずかば》と見なされて納骨供養を受けるが、恐山の宇曾利湖《うそりこ》から正津川を流れ下ってきたとされる姥神で安産祈願もする（宮本・高松、一九九五）。これもまた境界に祀られる生と死を司る女神なのである。

布橋は三途川に掛けられ向かい側はあの世である。集落の東側は墓所であり、実際に埋葬地でもあった。『立山大縁起』によれば、「引導修善の善の綱に取り連なり」白布の橋を渡って人々は浄土に導かれるのであり、「同行授戒して、布橋障無く参詣する輩は、諸《もろもろ》の善根《ぜんこん》成就《じょうじゅ》する故に、速かに無始の罪業消滅して、現在の果福《かふく》を得、未来永劫不《えいごうふ》退《たい》の彼岸に到るの大縁なり」とある。ここでは「障り」なくということが条件となっている。彼岸の中日の最後の残光が立山の峰々にあたり、しだいに暗さを増していくたそがれの風景を自分の人生の行方と重ね合わせる。しかし、一連の儀礼の終了後に、再びこの世に戻ってくるのである。まさしく生と死のあわいを行き来して極楽往生を確証させるのであり、生と死を司る姥神はこの役に相応しい。布橋の布は、五来重が示唆したように奥三河の三沢山内《みさわやまうち》（豊根村）の花祭での生まれ清まりを意図した「花育て・宮渡り」の白布や、安政三年（一八五六）に廃絶の大神楽《おおかぐら》の「善の綱」、神楽の祭場の頭上に飾る白開《びゃっかい》（白蓋・闢開）とも関連するなど、修験道儀礼の再生思想に支えられている（五来、一九七七）。大神楽は、数え年六十一歳の還暦の男女が、三途川に掛かる白布を敷いた無明橋を渡ってシラヤマ（白山）に入り、神仏と一体化して浄土入りを確証し、再び赤子となって世に出て神子《かご》として再生した（早川、一九七二）。シラヤマでは神祇灌頂《じんぎかんじょう》で成仏と浄土往生を引導したとも推定される（山本、一九九三）。現在でも、花祭の神楽の祭場は再生と甦りの「山」と観念され、生まれ清まりの意識は残り続ける。シラの語は多義的で、白不浄は出産の意味で、稲の生育もシラといい、「生命があらたまって生まれかわる」観念もある（宮田、一九九六）。かつては出産の時には部屋を白布で覆い安産祈願の神聖な場とした。シラは穢れを祓う意味ともなって、被差別部落は白山（シラヤマ）神を勧請したのである。

立山では白布の導きであの世との交流が開けて、女性は「障り無く」と穢れを消し去り、地獄との結びつきを解消して、現世と他界の双方向的な動きの中で、極楽往生の救済を確証した。それは女人結界を一歩踏み越えることで可能になる。女人結界は人々の再生観を大きく飛躍させて、自然との交流に目覚めさせる働きを持ったといえるのかもしれない。山を民衆の側から独自に意味づけて、これまでの劣性を乗り越えようとする。ここには仏教の論理を使いながらも、独自の読み変えによって、五障三従説や血の穢れを否定して成仏を遂げようとする強い意志がある。教説を乗り越えていく創造力に注目したい。

穢れ再考

穢れの変遷

穢れ以前

女人禁制には、女性を拘束してきた穢れの観念が密接に関連している。山からの女性の排除は、女性に恒常的な穢れがあり浄域に入れないとする見方であるが、穢れの観念は女性に結びつきやすく、しかも劣性を付与する価値観を含み込んでいる。しかし、女性と穢れを結びつけるとしても、民俗社会では妊娠中や生理中など一時的で、常に穢れているものとは見ないと思われる事例が散見する。瀬川清子は、産屋《うぶや》（産小屋）・月屋・忌屋《いみや》など出産や月経にあたって女性が別の小屋に移る習俗を調査したが、静岡県浜松市で月事《つきごと》にはコヤに籠り、終ると日待《ひま》ちの行事をする事例を報告し、「けがれの忌屋」と神祀《かみまつ》りの儀礼がともに日待ちと呼ばれることに注目している（瀬川、一九八〇）。また、三重県志摩町越賀《こしか》（現・志摩市）では月事の忌屋をカリヤ（仮屋）と呼ぶが、年神《としがみ》を祀る小屋もカリヤという。山形県置《おき》賜《たま》地方では月小屋をタヤ（田屋）と呼ぶが、神明を祀る所も同じ名称である。この状況をイミと見れば、それには斎と忌という神聖と忌避の両義性があり、神聖と不浄は表裏一体という考え方でもある。出産は穢れではなく、産神を迎えてその加護を得て生む神聖な行為であるという意識も強かった。出産時に焚く火は神来臨の目印とされ、産屋は神が訪れる小屋であった。下北では妻が産気づくと夫が馬を連れて外へ出て、馬が立ち止まった所から引き返せば、安産になるとされ、馬に産神を乗せて迎える様相が明らかである。

高取正男は、出産は「新しい生命の誕生である以上、それはあの世のほうがこの世に突出する瞬間であり、この世のなかでありながらあの世の露頭をみる場所である」（高取、一九七九、二九ページ）とし、「出産をもって女の大役」というのは神霊との出会いを内部に秘めた言葉だという。出産に立ち会う産神は生と死を司る神で、神社に祭られる祭神ではなく、血の穢れをいとわない大地のカミとでもいうべきものであった。産神の多くは山の神で、血を穢れと見なさない。かつては出産は「片足を棺桶に突っ込んでする」と言われ、死ぬ確率も高く、忌み籠りして安産を祈ることは当然で、この境界の時間に立ち会う産婆は赤子の生殺与奪を握る巫女《みこ》的存在であった。京都府三和《みわ》町大原《おおばら》（現・福知山市）の産屋（図38）は川の対岸にあり、大正初期までは出産時には川に橋をかけて対岸へ渡り、土間に藁《わら》で筵《むしろ》を敷いてお産をした。地面の砂は安産のお守りで（図39）、正面に見える鎮守の大原神社の加護で安産になると信じられ、忌みの意識は薄く、「休む」ことで体力を回復したという。谷川健一は、若狭の常宮《じょうぐう》では海辺に産屋を立て、そこに敷かれた砂をウブスナと言うことから、神の来臨を推定し、これが産土神《うぶすながみ》の原型だと推定する（谷川・西山、一九八一）。「七歳までは神のうち」とされ子供は神の授かり物で、他界からもたらされると信じていた時代、産屋は神霊との交流の場であった。

血を穢れと見る感覚は内陸よりも海辺に強く、東北地方に比べて西日本のほうが繊細な対応をしていた。産屋や月経小屋の分布には片寄りがあり、若者組や隠居制が発達して夫婦間の結合が強い所や、漁村や島など漁業にかかわる地域に見られ、女性の穢れや不浄視が強調

図38　大原の産屋

図39　産屋の砂

された。一方、海女の村では女性の穢れは考慮していなかった。民俗の事例は穢れ意識が弱い場合、不浄と神聖が重なる場合、不浄視が強い場合などさまざまであり、生業や地域によっても異なる。総じて、外部からの働きかけが要因となって、出産や月経が血の穢れとして意味づけられ強く忌避されるようになると考えられる。仏教など外来信仰が深く浸透しなかった琉球諸島では、祭祀で女性の血の穢れが意識されることが少なく、出産時は別として月事の忌みもあまりないことは、この推論を支える根拠になるだろう。

穢れの成立

女性の血を穢れと見なして禁忌に組み入れようとする浄穢観は、文献上では九世紀ごろに遡る（牛山、一九九六b）。『西宮記《せいきゅうき》』裏書には、承和六年（八三九）に「血下之穢《けっかのけがれ》」のために賀茂（鴨）祭に勅使と斎院《さいいん》の行列が中止されたとある。この場合の「血」の理由は明示されていないが、『日本紀略《にほんきりゃく》』延喜十五年（九一五）四月十九日条には、賀茂斎院が月経（月水）のため鴨祭の行列に加われなかったとあり、同様の理由であった可能性は高い。十世紀にいたって神事では血にかかわる忌みの観念が定着してきた。しかし、賀茂祭は宮廷とかかわりの深い神事で、勅使派遣の公式の行事であること、斎院という高貴の女性が対象とされるなど、当初は宮廷や貴族社会での女性の禁忌であり、それがすべての階層、すべての地域で共通していたとはいえないし、全国の山岳の霊地や寺院の女人禁制に直接的な影響を及ぼしたかどうか確証は得られない。あくまでも一定期間に限定し、その間は物忌みすれば解消される一時的なもので、恒常的な女人禁制とは異なる。

一方、三橋正によれば、六国史《りっこくし》の中で「穢」の記載が明確に現れるのは、『続日本後紀《しょくにほんこうき》』承和三年（八三六）九月十一日条の例幣《れいへい》中止であろうという。『日本三代実録』以後、祭祀中止、神社の祟りが「穢」によるとする記述が増え、「『神は清浄を尊ぶ』『穢を近づけると祟をなす』という神観念が定着・強調されるようになったところで、何を穢として、穢の範囲がどこまで及ぶのか、という規定が明確に求められた」（三橋、一九八九、四五ページ）とする。「穢」の概念は貞観六年（八六四）の『貞観式』でほぼ定まるという。

「穢」の先行形態は、斎や忌などを定めた八世紀の『神祇令』に遡る。散斎条の注釈『令集解《りょうのしゅうげ》』に「古記云、問、穢悪何、答、生産婦女不見之類」とある「穢悪《えお》」が注目されるが、これは「出産を見る」ことの禁忌への言及で（岡田、一九八二）、羞恥心からいっても当然のことであった。出産や死そのものの穢れではない。九世紀の「穢」は、記紀神話や大祓詞《おおはらえのことば》の穢（濁穢・汚垢・濁悪など）のように罪（天津罪《あまつつみ》・国津罪《くにつつみ》）の観念を伴うものでもない。結論的には唐令の影響を受けた『神祇令』の「斎」が、神話に見られるような「穢」と結びついて解釈が加えられたが、その際、細目規定にあった「穢悪」が「穢」へと内容を変化させて浮かび上がったのではないかという。いずれにせよ、『貞観式』で「穢」が定式化されたとすれば、九世紀後半の女人結界の成立期と重なることになる。

『延喜式』以後

延長五年（九二七）成立の『延喜式』は、前代の規定を踏襲して神社や内裏《だいり》へ及ぼす穢れを規定した。祭祀の執行時の禁忌として穢れとそれに準ずるものの忌みの日数を定め、穢れの伝染、つまり触穢《しょくえ》について規定した。ここでは穢れの肥大化の様相がみられ、穢れに関して甲乙丙丁という発生と伝播の差異の基準を導入し、国家が穢れを管理する意図が明確化した。陰陽師《おんみょうじ》が関与する追儺《ついな》では「穢悪疫鬼《けがれあしきえやみのおに》」を「東方陸奥《むつ》、西方遠値嘉《おちか》、南方土佐、北方佐渡」という国家の四至《しいし》の外へ追放すると定めている。ただし、穢れは神事の内容に応じて、一定の物忌みの時間を経過すれば潔斎で解消された。たとえば、宮廷の女性の扱いは、妊娠中や月経中には祭の前日までに内裏から里下がりさせて昇殿を認めないとあるが、これは人間の死は三〇日、出産は七日、六畜死は五日、六畜産は三日、宍食《ししょく》は三日という物忌みと一連のもので、全て忌みという広い概念に含みこまれる。穢れの消滅日数は細かく明示されるが、一時的規制で、女性を穢れとして恒常的ないしは永続的に排除するのではない。穢れは祓いで消滅するのであって、近世のように血を流すことが神を穢し罪を犯すなどの永続的穢れではなかった。しかし、触穢思想は『延喜式』以降に明確化し、貴族社会で穢れの範囲が拡大し複雑化した。神観念や信仰に関わる穢れが基本で、神事を優先する政治姿勢が穢れの社会的意味を拡大し、穢れを管理する陰陽師が主宰する儀礼の精緻化と合わせて、民間へも大きな影響を及ぼしたことが予想される。

有力な神社には触穢思想が浸透したが、鎌倉初期とされる『諸社禁忌』（『続群書類従』八〇）は詳細で、牛山佳幸の指摘した（牛山、一九九六a）、『神祇道服紀令』（『続群書類従』八二）も複雑な浄穢規定である。戸隠ではその影響が、文安三年（一四四六）施入の『般若心経』版木の裏面に刻まれた「戸隠山物忌令」として現れているという。女性の出産や月経の血を要因とする穢れの対象が古代より拡大し、忌みの日数も増加し、恒常的な穢れに近づいているとされる。穢れの明文化の動きは、必然的に穢れ観念を拡大し、一時的規制から恒常的規制へと踏みだしていく契機を作り出していたともいえる。

産穢以降

穢れのうち、出産の規定の明文化は『西宮記』巻十八（定穢事）に引く『弘仁式』逸文での「産七日」とある九世紀前半である。月経の触穢の規定は『貞観式』に登場して、これ以後、しだいに規制が明確になり拡大化されて、最終的に不浄観が血穢と結合していくという（勝浦、一九九〇）。死の場合は男女を問わず服喪として忌みの及ぶ範囲は血縁によって定まるが、女性の出産や月経は一緒に生活している人々に及ぶ。そこで穢れが着座を契機に伝染するという触穢思想が強調されれば、特定空間が穢れと化す。言い換えれば、服喪は空間だけでなく外にも広がる開放性を持ち選択的だが、出産や月経の穢れは特定の閉鎖空間の内部に伝染し非選択的である。ここに女性の穢れが焦点となってくる理由がある。

女性の穢れの強調により、妊娠中や月事の女性に禁忌を設けて神事を控えさせるだけでなく、仏事にも禁忌が導入される（西口、一九八七）。穢れによって、仁王会《にんのうえ》や灌仏会《かんぶつえ》、釈奠《せきてん》が禁止された事例があり、清水寺・長谷寺・金峯山などの女性の参詣には精進が必要とされ、途中で穢れが発生すると中止された。神祇信仰の忌みが、十世紀初期には仏事に展開してきたのであり（西山、一九九〇）、これは吉凶の観念が陰陽道の影響で肥大化したことも関係があるという。しかし、全面的な女性の穢れを受け入れたのではなく、法然は日常の信仰生活の心得を書いた『百四十五箇条問答』の中で、女性の月経中の仏事は仏法に忌まずとし、出産して「百日はゞかり」は如何かという問いに「それも仏法にはいまず」と答え、女性の穢れの忌みは考慮しない。穢れ観は肥大化しても、女性の生理は直ちに恒常的な穢れと直結しないのである。

穢れは以上のような経緯をへて、大きく転換する。平雅行は、『貞観式』成立後の九世紀後半に女人結界が成立し、仏教の女性差別文言も同時期に現れると指摘し、仏教が説く女性蔑視思想、特に五障という「存在としての女の罪業観」が旧来の穢れ観に結びついた時に「存在として」の穢れという観念に転化したという（平、一九九二）。この社会的背景には家父長制という男性優位の制度が確立したこともある。女性を恒常的に穢れたものと見なす観念は、穢れの現象論から存在論への変容であり、女性が「本質」として穢れの属性を持つという見方への転換である。仏教と民俗の微妙な融合と社会関係の変化によって、穢れの肥大化が恒常的穢れを生み、社寺や山岳に適用され女人結界が定着した。

時代的背景

大山喬平は、都市を中心に王朝貴族の穢れの観念が九世紀ころから増幅し、十世紀ころには鴨川にキヨメを行う中世被差別民の原型が現れて、清水坂や奈良坂の非人へと展開することに注目した。穢れの肥大化は九世紀に始まり、十世紀の延喜年間（九〇一〜九二三）を画期とし、十一世紀以降に第二の波が訪れるという（大山、一九七八）。そこには天皇と王城の清浄さを重視し、同心円状に周辺に向かうほど穢れが拡大するという思考があり、内裏から洛中、王都から畿内、さらに諸国へと展開する国家を視野に入れた中心―周縁の浄穢観がある。その発生因は古代の律令制の破綻が明らかになって人々の不安が増大し、秩序を脅かすものを広義の穢れと解釈し、呪術や儀礼が発達したことにあろう。怨霊の祟りを鎮める神泉苑の御霊会《ごりょうえ》は貞観五年（八六三）で、同年に石清水の放生会が開始され、方違《かたたが》えの初見は貞観七年（八六五）、菅原道真を祀る北野天満宮の創建は天暦元年（九四七）で、物怪跳梁《もののけちょうりょう》の記事が多い時代である（村山、一九八一）。祇園社は貞観年中に建立され、延長四年（九二六）に祇園天神堂（感神院の前身）の供養があった。祇園御霊会の開始は伝承では貞観十一年（八六九）、史料の初見は天禄元年（九七〇）で、後には祇園祭として隆盛を極める。疫神の牛頭天王《ごずてんのう》を祭神とし、清水坂非人が犬神人《いぬじにん》として祭礼の先頭に穢れを祓《はら》う役として登場するようになる。時代は下るが、十三世紀後半の『塵袋《ちりぶくろ》』には、エタに「穢多」の文字があてられ、十五世紀には穢れを祓う役のキヨメ（清目）がエタとして排除されていく（『建《けん》内記《ないき》』『塵添壒嚢鈔《じんてんあいのうしょう》』）。

穢れ観は王権や都市と連関して生成された。特に、宮廷儀礼では周縁へ穢れを祓いのける儀礼は陰陽師による七瀬祓《ななせのはらえ》（河臨《かりん》祓）で、天皇が撫物《なでもの》を通して穢れを河川に流し去る儀礼を洛中・洛外・畿内の三つの場所で行った（伊藤、一九九三）。一方、穢れや疫病の侵入を防止する儀礼は、淵源は六月と十二月の晦日《みそか》の道饗祭《みちあえのまつり》や大祓《おおはらえ》に遡るが、『西宮記』延喜十四年（九一四）初見の四角四堺祭《しかくしきょうさい》は、陰陽師が主宰して平安京の四隅、山城の四境で行った。境界の祭祀の盛行は、大江山の酒呑童子《しゅてんどうじ》や伊吹山の伊吹童子などの鬼や、異形異類の伝承を境界に発生させた（高橋、一九八七）。十〜十一世紀ごろから検察役として登場する検非違使《けびいし》は、キヨメに深くかかわる穢れの統制者で、その管理や除去にあたった（丹生谷、一九八六）。西山良平は穢れは神事の禁忌として強調されて九世紀初期に伊勢を中心に拡大し、九世紀中期から血の穢れが都市で明確化し、出産の忌避は九世紀後半、月事《つきごと》の忌避は十世紀半ばとズレを示しながら、王権と都市のイデオロギーとして展開したという（西山、一九九〇）。中心である王都から周縁に向かう穢れの同心円は、その外部にある「遠くの山」では反転する。山は周縁を越えた清浄な空間で、内部に対する「外部」として意識され、都市の穢れ意識を浄化する場となった。金峯山の御嶽精進《みたけそうじ》や熊野詣のような厳格な精進潔斎《しょうじんけっさい》を要求する修行によって、貴族たちは清浄な聖地へ参入して、穢れを祓い清めるとともに極楽往生を願ったのであろう。その先導役となったのが後世の修験であり、都市と山岳を結びつけるとともに、浄域としての山を女人結界によって純化した。

浄穢観の生成について、高取正男は、「吉と凶、浄と穢の対立概念を操作して禁忌意識の累積をはじめ、その架上《かじょう》と増殖をはじめたのは、それらの語彙をもたらした外来文化にいちはやく接した貴族たちであった」とする。奈良時代末期に始まった禁忌意識の増大により、外来の語彙や概念が民俗と融合して禁忌を組替えた様相を示唆し、「仏教のもたらした浄穢の観念が、吉凶のそれに結びつき、さらに陰陽二元の論にささえられてのちに神道の教説の基礎となり、三穢（三不浄）の問題とからんでときに排仏論の論拠にもなったのは歴史の皮肉であった」（高取、一九七九、二五三ページ）と結論づける。ただし、三橋正は禁忌意識の増大はやや遅れて、平安時代初期に進行した神祇制度や儀礼の整備の段階で強調されてきたという（三橋、一九八九）。また、穢れは仏教だけでなく、災厄を未然に予見して打ち祓う陰陽師の関与が著しい。陰陽師は人間にとって不快な感情を喚起させるもの、死・血・産・糞便・病気・災害・怨霊・物怪・犯罪をすべて穢れに入れ込んで、禁忌を増大させた。浄穢・吉凶という対立概念が操作され、最終的に女性の忌みと穢れが結びつく。禁忌という消極的な一群の規則の中から穢れが突出し、山という浄性を帯びた場で積極的な禁忌へと変貌し、修験道の成立と女人結界の定着をもたらすことになる。

修験道と穢れ

山の女人結界が明確な形で現れるのは十一世紀である。その中で貴族たち自らが自然の中に分け入る修行を始める。『小右記』寛弘九年（一〇一二）四月四日条に「左府（引用者注：藤原道長）明日登山云々、触穢中ならびに祭前登山如何《いかん》、不快の事也」とあり、穢中に賀茂祭を控えて比叡山に参詣するのは、不謹慎だという。穢中の登山と神事の前の仏事を避けることが述べられている。当時の貴族が金峯山、高野山、熊野へ参詣する場合は、精進屋で祓いをして、厳重な潔斎を行い、清浄の身となって聖域に参詣したのであり、御嶽精進はその意味であった。おそらく潔斎を丹念に行った理由は山の神霊が荒ぶる神と考えられていたからである。熊野の神は『諸山縁起』に、「熊野の本主は麁乱神《そらんしん》なり。人の生気を取り、善道を妨ぐる者なり。常に忿怒《ふんぬ》の心を発して、非常を致すなり。時々山内に走り散りて、人を動かし、必ず下向《げこう》する人のその利生《りしょう》を妨ぐ」とある。この祟りなす神の難を避けるには、梛《なぎ》木の葉をかざしたり、豆《まめ》の粉《こ》で化粧して通り抜けるのだという。一方、金峯山は役小角が山上ヶ岳で祈り出して湧出岩《ゆうしゅついわ》から現れ出たとされる忿怒の金剛蔵王権現の霊地である。金剛蔵王は儀軌《ぎき》には記載されていないから、山の神を仏教的な相貌で表したと考えられ、現在でも蔵王堂に祀られる巨大な像はその荒ぶる神の姿をよく伝えている。荒ぶる神の霊地へ参入するにあたって、厳格な精進が求められたのであろう。

山で修行する人々の増加、特に都市の貴族社会の参入に伴って修行の精緻化に努めたのが修験であった。その生成にあたっては、園城寺《おんじょうじ》（三井寺）の増誉《ぞうよ》が白河上皇の寛治四年（一〇九〇）に熊野御幸の先達を務め、その功績で熊野三山検校に就任し、京都に聖護院を建てて、熊野神を勧請して王城守護としたのが画期であろう。これ以後、聖護院は熊野を中心に勢力を伸ばして、山中の深仙を根拠地とし、十五世紀に教団化して天台系の本山派修験の中核となる。一方、金峯山を中心に聖宝《しょうぼう》を中興の祖とする真言系の修験は、しだいに醍醐寺三宝院を主体にまとまり、山中の小篠《おざさ》を根拠地とした当山派修験となる。金峯山は女人結界を設定したが、熊野は男女を分かたず参詣を許した。有名な伝説であるが、『風雅和歌集』（十四世紀中葉）に和歌がのり、和泉式部が伏拝《ふしおがみ》まで来たときに、月の障りとなり「晴れやらぬ身のうき雲のたなびきて月の障りとなるぞ悲しき」と詠むと、熊野権現が「もとよりも塵《ちり》にまじわる神なれば月の障《さわ》りも何か苦しき」と返歌して参詣を許されたという。女性の穢れを忌まない山岳霊地となって信仰を広げ、「蟻《あり》の熊野詣」と呼ばれ、熊野比丘尼《びくに》の活躍につながった。熊野詣は、修験の教義書『小笹秘要録《おざさひようろく》』（十五世紀か）に「これ上に詣るは死門・入胎《にったい》の義、下に向ふは、これ生門・出胎《しゅったい》の義」とあり、本宮に向かう「葬送の作法」であるが、同時に胎内から生まれる秘儀で、極楽往生の願いが託された擬死再生の修行で修験の影響が濃い。しかし、音無川《おとなし》を渡り「濡れわらじ」の入堂を果たした目的地の熊野本宮は、さらに奥に連なる大峯山にとっては出発点に過ぎず、熊野から吉野にいたる山々は女人禁制であった。

山林修行者だけでなく多様な人々を受け入れた修験は、思想と儀礼を整え十三世紀後半に「顕教・密教・修験」と並置されて顕密仏教に組みこまれた（長谷川、一九九二）。山で験という霊力を体得するという思想、山での修行の多様性の体系化、神仏混淆で道教や陰陽道を取り込む柔軟性、半僧半俗という親しみやすさ、女人結界による山と里の分離などは修験の構成要素である。神仏混淆は禁忌の再編成を要求し、修行の場の山を新しく意味づける。それが女人結界を定着させた要因であったのかもしれない。修験は出家者ではなく、半僧半俗を原則とする妻帯者で、優婆塞《うばそく》・優婆夷《うばい》の系譜を引き、戒律の読み変えや結界の積極的な取り込みを行った。穢れ観を意図的に操作し、結界で分断された山と里という場を意識的に使い分け、巫女と組んで動態的な男女の職能者の関係を構築する戦略も導入した。

結界から聖域へ

女人結界は比叡山の記録が最古とされる。王城鎮護の役割を持ち、王都から最も近い修行場であり、都市の穢れや禁忌意識の増大に伴い、清浄の地として女人結界が設定されたのであろう。おそらく当初の結界は経典に基づき「七里結界」に不入権を設定し、四至《しいし》を確定するなどの寺院側の領域確保の政治的動きも絡んでいたとみられる。流れとしては、結界から聖域へと広がるが、それは相応和尚《そうおうかしょう》などの行者の回峯行で山中の修行が整備されるなど、峯入りの成立を契機とする修験化と関連があるのだろう。修験道の峯入りは山の全域の聖地化を強化する。寺門派の園城寺（三井寺）は熊野修験との関連が深く、『寺門伝記補録』巻十は、円珍は役小角の遺跡を訪ねて、大峯山や葛城山へ登って、熊野に至り三井修験道を始めたと伝える。

一方、西口順子は、女人結界は基本的には堂舎を修行場とし、それを聖域に拡大適用したのであり、王法仏法相依論の進展とともに、神祇の忌みが仏法に取り込まれ、浄穢の観念が増幅され、「仏法の女性忌避」から寺内を「聖域」として保つ必要に迫られて成立したという（西口、一九八七）。これはすでに述べたように、霊地を取り巻き包囲する女性たちが「聖域」の霊威を高めるという構図を作り出し、山麓の聖地化も生じさせる。境界や周縁の強化により、結界上では姥神として「古層の祭祀」にかかわる山の神が浮上して、それに携わる巫女を顕在化させた。聖域確定により、女性は穢れとされて聖域の外に排除され、聖地の霊性を輝きあるものに荘厳し、境界に古層を浮かび上がらせたのである。

女人禁制は山の開山や寺の草創以来と語られ、「根源的な由来」としての聖域維持の正当化の思考を強化した。その流れの根底にあるのは、穢れの概念を操作し、客体化することで空間に差異を導入する指向である。女人禁制が長く継続した背後にはこうした経緯もあったと思われる。しかし、聖域の山も現実の生活では、周辺の女性たちによって支えられて機能したことを忘れてはならない。世俗と信仰の揺らぎの中で女人結界は多義的な意味を紡ぎだしたのであり、その存立をめぐるせめぎあいは現代にいたるまで継続してきたのである。

以上みてきたように、女性の恒常的規制は、理由づけとしては女性の穢れを意識せざるをえない。古代から中世、さらに近世へと穢れの思想の展開は複雑である。そこで歴史的考察をひとまず終え、穢れについての一般的な理論構築の可能性についてみていくことにする。

穢れの理論

穢れのとらえ方

なぜ、血は穢れとされるのか。それを女人禁制に結びつけてきた現象が問われなければならない。類似の概念は世界各地から報告され、宗教施設や聖地の女人禁制も日本以外に存在する。たとえば、南インド・ケーララ州のサバリマライ（Sabarimalai）は女人禁制の山の聖地であり、多くのヒンドゥー寺院は生理中や出産直後の女性を忌避する。穢れという現象は多様で、男女ともに避けえない死、女性に特有の出産、女性の月ごとの生理である月経、血そのもの、死体や肉体の一部分、排泄物である糞尿・鼻汁・目やになどに関わる。しかし、穢れとして言及される現象は多様な文脈の中にあり、穢れそれ自体を定義することは極めて難しいし、誤解を招きかねない。明治政府は、明治五年（一八七二）の太政官布告第五六号で「自今産穢不及憚《はばかりおよばず》候《そうろう》事」とし、明治六年の布告第六一号でも「自今混穢ノ制被廃《はいされ》候《そうろう》事」として、制度的に産穢など触穢に関するものを廃止した。しかし、上からの規定解除は効果がなかった。穢れの意識は日常の慣行や慣習の中に溶け込んでいるからである。穢れの定義もすべてに共通する本質を求めるよりも関係性でとらえるべきであろう。本質から関係へという視点の転換である。

穢れを理解するための有力な学説としてしばしば援用されるのはメアリ・ダグラスの見解である（ダグラス、一九八五）。しかし、その定義は、小谷汪之が示したように、「穢れの『本質』が存在するという前提から出発している」（小谷、一九九九、三四ページ）。議論の核になる部分は以下のようになる。「汚穢（dirt）とは本質的に無秩序（disorder）である。……もし、我々が汚穢を避けるとすれば、それは臆病な不安の故ではないし、いわんや、恐怖とか聖なるものへの畏怖でもない」「汚穢は秩序を侵すものである。したがって、汚穢の排除は消極的行動ではなく、環境を組織しようとする積極的努力である」（ダグラス、一九～二〇ページ）。「汚穢とは場違い（matter out of place）のものである。……それは二つの条件を含意する。すなわち、一定の秩序ある諸関係と、その秩序の侵犯である。従って、汚穢とは絶対的に唯一かつ孤絶した事象ではあり得ない。つまり、汚穢があるところには必ず体系（system）が存在する。……汚穢とは事物の体系的秩序付けと分類の副産物である」（同、七九ページ。一部筆者改訳）。

ここで汚穢と訳したdirtは、他の所ではuncleannessやpollutionと同義の概念として使用され、類似した説明が加えられている。とりあえず、錯綜する概念のうちpollutionを日本語の「穢れ」に対応させて使用する。ダグラスの見解は、穢れという事象を、秩序（order）や清浄（purity）に対比するが、用語法の揺れに表れているようにかなり曖昧である。一方、穢れの本質は、分類という思考で判断する場合、分類にあてはまらない「変則性」（anomaly）や「無秩序」（disorder）であるという。穢れは体系を脅かすもので、分類を混乱させ、時には分類からはずれた剰余とも見なされる。「分類が曖昧なもの」「中間的なもの」とも言い換えられる。「穢れ」を発生させる根源的な場は「開口部」（orifices）で、特に人間の身体と開口部という周縁（margins）は「境界性」を帯び、危険性とともに強い力が発生し、そこに起きる現象は「穢れ」と見なされて禁忌に取り巻かれる。

こうした発想の前提には、秩序の側から穢れを把握するという方向性がある。清めや清浄という明確な側から穢れを把握するのである。注目点は「境界性」にあり、そこには嫌悪と畏怖の両義性が発生する。特に身体から外に出るもの、たとえば唾・精液・血・乳・尿・

便・涙・汗・膿《うみ》・胞衣《えな》・後産《あとざん》、あるいは体の一部が分離したもの、皮膚・爪・髪・歯などが穢れの性格を持つ。これを身体だけでなく、親族、社会組織、空間に押し広げると、社会的に劣性を帯びた女性、周縁に位置づけられる被差別民、境界性を帯びた空間としての坂・河原・峠・村境・国民国家の中の少数民族などが、穢れを帯びたものとして登場してくることになる。人間から空間へと広がる連続性は、身体感覚に浸透する穢れの特性によって固定化される。支配的なイデオロギーがいつのまにか人々の日常生活に浸透し、見えざる権力を隠蔽して思考を釘付けにするのである。

理論の再検討

「境界性」は穢れを発生させるという議論がメアリ・ダグラスの議論の中核である。しかし、発生した穢れは親族との関係に典型的に表れるように、一定の範囲に限定されるものと範囲に限定されないものとに分かれる。たとえば、出産や月経の穢れは個人に、死の穢れは特定の親族の範囲に限定され、日数も当事者との親密度に応じて変化するなど、相互の役割の明確化が禁忌の機能のようにも思える。一方、穢れであっても、単純に排泄物と見なせば、その影響の及ぶ範囲を特定の日数や人間関係に限定できない。双方を区別するために、「穢れ」pollution に対して、排泄物を「汚穢」(汚れ) dirt と言い換えてもよい。「穢れ」と「汚穢」(汚れ) の区別は重要であり、ダグラスも英語の dirt を「汚穢」(汚れ) に限定して表示すべきであった。それはまさに「きたない」と即物的にとらえられ、腐敗の感覚に満ちた廃棄物である。これには変化もあり、たとえば胞衣や後産はかつては、赤子の分身として敷居に埋められたり、塚を作るなど儀礼的行為が伴う穢れであったが、現在では汚物として処理される。

穢れとして漠然ととらえられているものを整理して英語との対応関係も考えて分類すれば、「穢れ」（影響範囲を限定、狭義の pollution、小文字表記）、「汚穢」（範囲が無限定、dirt）、「不浄」（浄に対する対概念 uncleanness, impure）の三つに分類できる。そして、解釈が限定されない流動的で曖昧性を持つ価値中立的な概念を、ケガレとして表現する。一方、現象の総称は、広義の「穢れ」（広義の Pollution、大文字表記）とする。整理すれば、穢れ（狭義）、汚穢（汚れ）、不浄、穢れ（広義）となり、英語で表記すれば、pollution, dirt, impure (uncleanness), Pollution で、ケガレは英語と対応できない。

さらに、比較研究の観点から、南インドのタミル人の事例に基づいて理論を構築した関根康正の「ケガレ」論に触れておきたい。その主張の特徴は、「場違い」「無秩序」のすべてが「ケガレ」を生むのではない点を指摘したことにある。そして、「腐敗していくことの知覚」がケガレを生成するのであり、そこには「死にゆくことの隠喩」による他界性の突出、あるいは他界との接触があり、これが境界性（「場違い」）と一体となって「ケガレ」を喚起するのだという。この場合の「ケガレ」とは、許諾して受容するが、その中に創造性を見出すもので、支配的イデオロギーや差別を内包して排除に向かう「不浄」とは区別される（関根、一九九五、二六ページ）。不可触民（ハリジャン）が血の供犠で女神を祀る信仰はその典型である。デュモンはインド社会では権力が権威に包摂され、「浄‐不浄」(pure-impure)の論理が貫徹するとしたが(デュモン、二〇〇一)、関根は「不浄」を階層の上から下へのブラーマン(祭祀者)主体の視点であると批判する。「不浄」観を受容しつつも、それを「ケガレ」として創造性に展開する下から上への動きに注目して、下層に押し止められ差別されてきた不可触民側からの逆転の視点を取り込もうとする。しかし、その中に含まれる本質主義の乗り越えは課題であろう。

理論の再構成

ダグラスの発想を生かして、日本社会の穢れ観を研究し、民俗語彙から抽象化したハレ・ケ・ケガレという三項を操作概念とし、各地を比較してモデル化した波平恵美子の試みがある(波平、一九八八)。

それによるとハレは清浄性・神聖性、ケは日常性・世俗性、ケガレは不浄性を示す漠然たる概念であり、相互のどの関係が強調されるかで地域の特色が現れるという。大枠ではハレとケガレが組となって、ケと対立する。言い換えれば、ハレとケガレはともに非日常性を帯びるので同じ範疇に属し、日常性を言い表すケと対立する。ハレとケガレとは転換可能なものであるということになる。これは西欧の「聖」概念が両義性を帯びて浄と不浄、吉と凶という対立を含み込んで、「俗」と対立する構図と重なる。波平は水死者をエビスに祀る事例を取り上げて転換のあり方を考察しているが、漂泊する遊行者や芸能民が聖性を帯びながらも賤視されるのもこれと同じである。「聖」に近い日本語はイミで、漢字は「斎」にあて、イは神聖さを意味するユに通じ、ユニワ（斎庭）などと使われる一方、「忌」もイミと訓じ、神聖な火は忌火《いみび》であった。古代では『古事記』の忌服屋《いみはたや》、『日本書紀』の斎服殿《いみはたどの》のように斎と忌は同義である。『神祇令』では大嘗祭の散斎《あらいみ》（一月）、致斎《まいみ》（三日）の規定のように、一定期間の状態をも指した。その後、斎は神聖さをあらわす諸現象に、忌は禁忌の事物や行為、穢れを避け謹慎を意味する語となる。言い換えれば、斎はハレに、忌はケガレにかかわるのである。イミの両義性には、「聖」と近い両義的な感覚があるといえる。語源説にこだわることは危険だが、普遍化できる様相もある。

ケガレの彼方へ

一方、桜井徳太郎はケガレの語源にこだわり、民俗語彙のケガレを「ケ枯れ」と解する。日本各地でケにかかわる語彙に、ケゴ（褻居、日常生活空間）、ケザ（褻座、住居の囲炉裏端）、主婦が扱うケシネビツ（米櫃）やケセネ（穀物、柳田国男『遠野物語』六三話）などがある。ケは日常性を象徴的に表す言葉で、穀物、特に稲の霊力や生気ある力で、気でもある。穀物を成長させる霊力が衰える、ケが枯れる状態であるケガレを回復させるのがマツリだという。ケガレは穀物の成長が弱まり、生命力も衰退する。この状態を「ケ枯れ」とみて、活力を取り戻すためにハレとしての祭があり、再び日常生活のケの状態に戻るという循環論を説いた（桜井、一九八二）。慎重に考えれば、ケには日常性、穀物（稲）の霊力、気の三種が混淆《こんこう》して極めて多義的である。しかし、ハレ・ケ・ケガレの流動性や連続性を見る発想は、仏教・神道・陰陽道などの思想や知識の解釈と混淆した穢れ概念とは異なり、より民俗的な概念としてのケガレ観を浮かび上がらせ、穢れと女性の一元的な繋がりを弱めて、女性蔑視をくつがえす迫力を持つ。民俗語彙に基づく立論なので、歴史的には無時間性を帯びるが、これによって女性の力の復権をもたらしたといえる。

しかし、現実の民俗社会では、ハレという言葉は単独で使われるが、ケは他の語との複合語（ケツケ、ケハレ、ケカチ、ケシネなど）で単語としては一般的ではない（福原敏男の教示による）。民俗学が好んで使うハレとケの対比は、不均等二元論を均等二元論に読み変えて使っており、実際はハレ－ケ論は西欧の聖俗論とほぼ類似した構図である。また、ハレ・ケ・ケガレの概念では、共同体ないし集団単位の変動は説明できても、個人の場合には別の考え方が必要とされると思われる。その場合、荒削りではあるが、女性の一生の変化の視点の導入も考慮すべきかもしれない。

女性は個人として見ると、その人生において、少女から妻へ、妻から母へ、そして老婆へと鮮やかに変容する。現代では穢れの観念は希薄化しているが、生理を生活のリズムとして意識せざるをえない点は変わらない。妻になる、そして出産というイニシエーションをへて母になる過程で、社会的地位や人生観を大きく変える。初潮と閉経は男性にない人生の生き方を刻印し、思春期や思秋期を明確化する。女性は男性と比較して、自覚的に段階づけて人生を生きる可能性を持ち、常に固定したカテゴリーを擦り抜け、男女双方からの意味づけの変更を絶えず求めてやまない。しかし、女性のライフコースをあまりに定型化してとらえることは危険である。独身者として生きる道もあり、逆に変化に適応できず、深刻な悩みを抱えることも多い。現実には権力の網の目が張り巡らされ、人生をしなやかに生きるのは至難の業である。

力の視点

女性の劣位性を克服する道は、エンパワーメント（empowerment）だと言われる。そこで、女性に内在する力を発見するという観点を民俗学の側からみていこう。かつて山を生活の場とした狩猟民のマタギたちは、平地民に比べて血をさほど忌避せず、生殖力や血の力を重視したが、狩猟に女性を同行することはなかった。しかし、山の神は産神《うぶがみ》で、出産を助けるために穢れをいとわずやってくる。姥神と同じであり、山と里の境界に祀られ、三途川にいる葬頭河婆《そうずかば》や奪衣婆《だつえば》として人々をあの世に導き、負性を帯びると山姥《やまんば》にもなり、男女仲良くする道祖神《どうそじん》ともなる。女性の出産時の強大な力や生殖能力を畏怖することが根底にあるにせよ、女神の観念は女性の生殖能力を始めとする現実の生き方にある種の可能性を見出して、それを越境能力に転化する。他方、伝統社会では、出産や月経では、流動的なケガレの概念よりも、女性蔑視の思考を含む穢れ（狭義）の概念が強調されてきた。血はそれに触れたものを不浄化する危険な力を持つと考えたからであり、のろいにも用いた。しかし、逆に血は生命を活性化させ浄化する力を持つとされて治病・祓除《ふつじょ》の儀礼にも使われた（井桁、一九九四）。血は生命力の源泉で、強化・増殖する媒体として農耕儀礼にも用いられた。血に関する見方をめぐっては、常に正反相互のベクトルが女性の意味づけをめぐってせめぎ合うのである。

穢れの持つ属性を個人レベルで、創造的な方向に評価しようとすれば、穢れそれ自体が正の方向の力を生成するという考えを取り込む必要がある。霊は血と同じく、チと訓ずる。チはタマやカミと同義語であり、血は霊力に通じる。血に霊が宿るという考え方もあった。また、女性の月経や出産における生殖能力や生命力が、月の満ち欠けや満潮・干潮など自然の力と連動していることは、体験知としては蓄積されている。出産は満潮時に多く、死の訪れは干潮時に起こることが多いという。こうした経験的事実の持つ重みはかつては非常に大きかったであろう。女性の生理が、身体を介して自然のリズムと密接な繋がりを持つという認識は、個人に定期的に訪れる月経を、穢れという否定的な言辞でとらえる見方を相対化する。

琉球文化圏の事例ではあるが、瀬川清子は、沖縄では恋人に贈るミンサー（腰紐）を経血で染めたり、子供のホクロを母親の経血で直した事例があったという（瀬川、一九八〇）。また、月水の変調を神女になる前兆と考えていた女性もいた。すでに、折口信夫は月経の血はカミに召される印で、その期間女性は忌み籠って交流し、「つきのもの」の見えた日は神の来る日だと考え、経血は女性の聖性の証とする発想を古代に見出していた（折口、一九九五）。言い換えれば、血に聖性や霊性を読み取るのである。しかし、男性は女性の持つ宇宙リズムや力の源としての女性を穢れとして忌避し、統制を図るように転化した。女性の力を脅威として意識し、排除するように変わる。修験は山の女人禁制を維持したが、山を母胎や胎内とみて宇宙や大地との連続性の認識を残し、どこかで排除の論理を補う水路を残していた。四季の推移を通じて、生命力の更新と再生を風景として見せる山への畏敬を母性と重ね合わせる。その論理は差別とは違う次元で女性を認識する見方があったことを示している。現代ではこの自然とのつながりの意識は薄れてしまった。

新しい理論の提唱

穢れや不浄として貶められた観念を力の生成の場としてとらえ直し、ケガレやケとの相互作用の中で危険な力になったり畏怖する力になったりする様相を考える試みを提示しよう(図40)。ハレとケとケガレが連続的に変化すると考えれば、対立や排除を生み出す穢れや不浄に働きかけてそれを変成させるかもしれない。一方、不浄は浄と、穢れは清めとの対立を生み、権力作用や社会関係を作り出す。男女の相互の見方や関係性のあり方が変化し、コスモロジーとしてのケガレが、イデオロギーとしての穢れに読み変えられて、差別へと転化していく。コスモロジーとは人間の時間や空間に関する認識や、世界を説明する知識で、神仏と人間と自然との関係の構築のあり方や、人々の生き方との相互の影響をいう。一方、イデオロギーとは儀礼や観念が社会秩序を再生産し権威を正当化するなど、社会関係を構築し権力作用を及ぼすあり方をいう。穢れは不浄と浄の二項対立の概念に読み変えられて、階層化

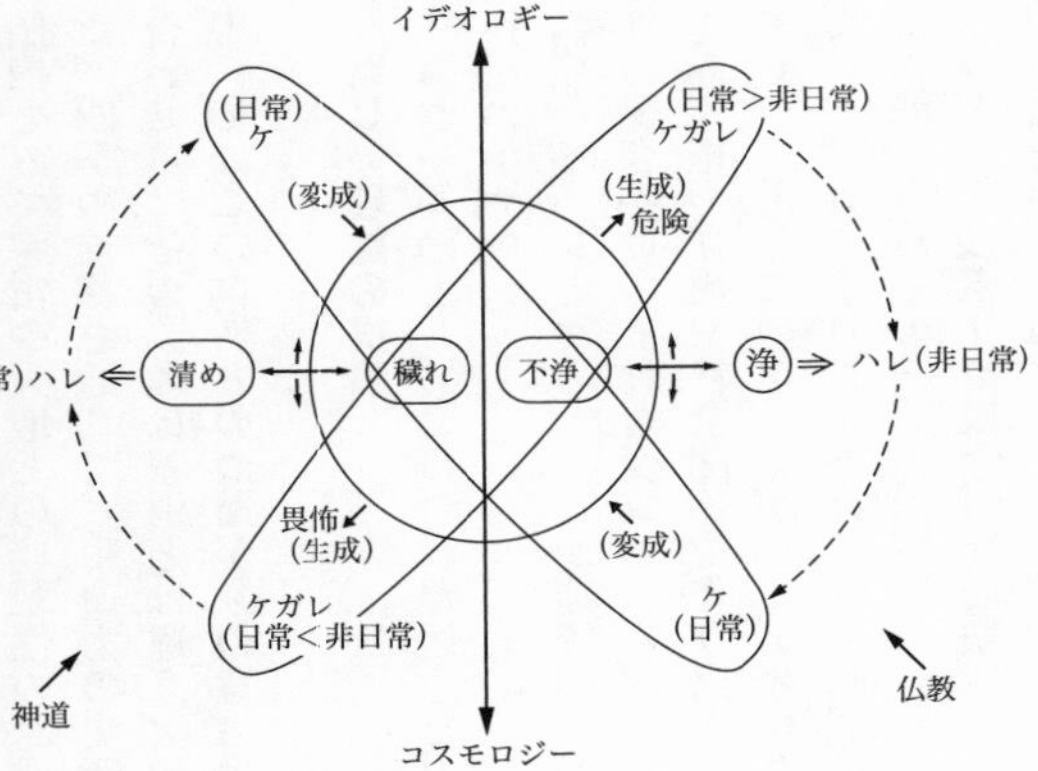

図40　穢れと不浄の動態

や差別化を強めて権力作用を及ぼし、社会関係を再生産し、秩序を固定化する方向に動く傾向が強い。赤不浄、白不浄、黒不浄という用法は強い排除の価値観を内包する。しかし、歴史的に形成されたイデオロギーが再びコスモロジーを問い直して新たな再構築を迫る。そして歴史的には神道や仏教、陰陽道がこのあり方を変化させてきた。

総じて、男性と女性は、人間を差異化し分類するのに適合する表象として、さまざまな意味づけの媒体となり、文脈に応じて優劣や排除・包摂といった価値観や、分業・分掌といった機能分化を生み出す。権力作用や社会関係が複雑にからむ。そこには男性から女性を、女性から男性を見る視点だけでなく、第三の視点として神や仏などの別次元の存在、両性具有という性の交錯した存在、童子や老人老婆など性を超越した存在、さらには僧や尼などの現世放棄者など多様な立場を導入することで、見方が変わってくる。時間と空間、経済と社会のあり方に応じて、男性と女性の関係や役割が変化するのは、性差（ジェンダー）をめぐる相互関係の視点や認識の交錯による。女人禁制について考えることは、性差を自覚化し、それを通して男性と女性の生き方を再考することにつながるのである。

あとがき

平成十三年（二〇〇一）は日本の女子登山一〇〇年にあたるという。明治五年（一八七二）の解除後も女人禁制が一部で残り、「女だてらに」という差別意識もあった。この風潮を打ち破ったのが学校の女子登山で、明治三十五年（一九〇二）の長野県立長野高等女学校の戸隠山登山がはじめではないかという（板倉登喜子・梅野淑子『日本女性登山史』一九九二、大月書店）。その後もしばらくは女子登山が新聞の活字になった。禁制解除以来、一三〇年、現在では女性、特に中高年の間で定着した登山ブームの現状を見ると隔世の感がある。

羽黒山の秋の峯の修行に参加した時に、信仰熱心な地蔵院（大沼妙照）さんに出会った。寒河江《さがえ》では名高い女行者でたくさんの信者を集めていた。昭和二十一年（一九四六）に正善院（荒澤寺《こうたくじ》）が、天台宗を離れ羽黒山修験本宗となって女人禁制を解禁し、その直後にはじめて参加した女性である。問わず語りに聞いた話では、当初は堂内に入る許可がもらえず、勤行中は廊下に坐らせられたり、屋外で寝たりするなど、正式の受け入れまでに数年かかり、草分けとして随分苦労したという。男女隔離の慣行は強力に残り続けたのである。

神道側の動きは複雑であった。羽黒山の御本社は女性参詣を許していたが、大晦日の松例《しょうれい》祭《さい》だけは禁制で、その理由は山の神が祭の時に男性の裸を見ることを好むので、女性がいることを嫌うからだといわれてきた。しかし、羽黒町手向《とうげ》（現・鶴岡市）の女性たちの男女平等に反するという申し入れが神社側に寄せられて、昭和三十年（一九五五）に禁制は解除された。

そして、平成五年（一九九三）の開山千四百年祭に際して、出羽三山神社は、女人禁制であった神道側の秋の峯を女性に開放して「神子《みこ》修行」を行った。案内書の表には開祖・蜂子《はちこの》皇子《おうじ》の絵姿が描かれ「神々は寛大です」と書かれ、趣意には「最近の女性のめざましい社会進出、社会的地位の著しい向上にちなんで、平成五年の『御開山千四百年祭』を機会に、御開祖・蜂子皇子の〝御心〟を深く拝察し、時代の要請に応え、女性（神子）の方々にも、羽黒派古修験道の門戸を開くことに致しました」とある。修行は六月二十一日から二十五日までで、希望者が多くすぐに満員になり、九月十二日から十六日に再度行うなど関心の高さを示した。全国から一三〇名が参加し、年齢は二十一歳から七十五歳、職業は女子大生、主婦、銀行員、音楽家など多彩であった。しかし、「神子《みこ》」（巫女）の山伏は羽黒にとっては新形態で、特別発注の紅花《べにばな》染めの装束を身につけ、吹越《ふきごし》に新設した水行場で朝夕二回の禊《みそぎ》をするなど、新たな修行を創出したともいえる。男性側の修行は別日程の八月二十六日から九月一日で日数も長い。女人禁制は姿を変えて存続している。

女人禁制は現代でも創り出される。例えば土曜と日曜の名門ゴルフ場、ウィーン・フィルハーモニー管弦楽団（一九九七年まで）、そして「女性初の」という言葉で紡ぎ出される言説など、古くて新しい慣行である。何気ない事柄が歴史の中で生成され変容し創造される、この奥行きの深さを示してみせるのが民俗学の役割であろう。そのためには過去の歴史への遡及と現在の流動する動態を同時に視野に入れる複眼的方法が必要とされる。

本書が成るにあたっては、多くの女性の行者との対話が役に立った。女人禁制の行方はともかく、貴重な体験に基づく人間へのやさしいまなざしが支えであった。最後に、編集にひとかたならぬ御苦労を頂いた吉川弘文館の担当者諸氏へ深甚なる謝意を表したい。

鈴木正崇

二〇〇一年十一月

参考文献

阿部泰郎　一九八二『中世高野山縁起の研究』元興寺文化財研究所
阿部泰郎　一九八九「女人禁制と推参」『巫と女神』（女性と仏教4）、平凡社
阿部泰郎　一九九八『湯屋の皇后——中世の性と聖なるもの』名古屋大学出版会
井桁　碧　一九九四「『血』の境界——身体としての共同体」『列島の文化史』9号、日本エディタースクール出版部
伊藤喜良　一九九三『日本中世の王権と権威』思文閣出版
伊東早苗　一九八八『大峯山の女人禁制——洞川側登り口を中心に』慶應義塾大学大学院社会学研究科修士論文
今枝愛真　一九七〇『道元——その行動と思想』評論社
岩科小一郎　一九六八「山の女人禁制」『山の民俗』岩崎美術社
岩科小一郎　一九八三『富士講の歴史——江戸庶民の山岳信仰』名著出版
岩田　勝　一九八三「神子と法者」『神楽源流考』名著出版
岩本　裕　一九八〇『仏教と女性』第三文明社
牛山佳幸　一九九〇『古代中世寺院組織の研究』吉川弘文館
牛山佳幸　一九九六ａ「『女人禁制』再論」『山岳修験』17号

牛山佳幸　一九九六b「女人禁制」『日本の仏教』6、法蔵館
大山喬平　一九七八「中世の身分制と国家」『日本中世農村史の研究』岩波書店
岡田重精　一九八二『古代の斎忌――日本人の基層信仰』国書刊行会
岡野治子　一九九三「フェミニスト視点からの日本宗教批判」『宗教のなかの女性史』青弓社
小原　仁　一九九〇「転女成仏説の受容について」『日本仏教史学』24号
折口信夫　一九九五「小栗判官論の計画」『古代研究（民俗学篇二）』（一九三〇）『折口信夫全集』第3巻、中央公論新社
笠原一男　一九七五『女人往生思想の系譜』吉川弘文館
勝浦令子　一九九〇「女性と古代信仰」『日本女性生活史』1巻、東京大学出版会
勝浦令子　一九九五『女の信心――妻が出家した時代』平凡社
月光善弘　一九九一「密教と禁忌」『東北の一山組織の研究』佼成出版社
金田英子　一九九三「女相撲」寒川恒夫編『相撲の宇宙論――呪力をはなつ力士たち』平凡社
神崎宣武　一九九一『酒の日本文化――日本酒の原点を求めて』角川書店
菊池照雄　一九八九『山深き遠野の里の物語せよ』梟社
木津　譲　一九九三『女人禁制――現代　穢れ・清め考』解放出版社
黒田日出男　一九八九「熊野観心十界曼荼羅の宇宙」『性と身分』（大系　仏教と日本人8）春秋社

高達奈緒美　一九九七「血盆経信仰霊場としての立山」『山岳修験』20号
小谷汪之　一九九九『穢れと規範——賤民差別の歴史的文脈』明石書店
五来　重　一九七〇『山の宗教——修験道』淡交社
五来　重　一九七五『高野聖』（増補版）角川書店
五来　重　一九七七「布橋大灌頂と白山行事」『白山・立山と北陸修験道』名著出版
桜井徳太郎　一九七七「初期仏教の受容とシャマニズム」『日本のシャマニズム』下巻、吉川弘文館
桜井徳太郎　一九八二「民俗宗教の生活律」『日本民俗宗教論』春秋社
佐治　靖　二〇〇〇「『オシラ遊ばせ』の地域的諸相」『オシラ神の発見』遠野市立博物館
菅　豊　二〇〇〇『修験がつくる民俗史——鮭をめぐる儀礼と信仰』吉川弘文館
鈴木正崇　一九九一『山と神と人——山岳信仰と修験道の世界』淡交社
鈴木正崇　二〇〇〇「巫女と男巫のはざま」『アイデンティティ・周縁・媒介』吉川弘文館
鈴木正崇　二〇〇一『神と仏の民俗』吉川弘文館
瀬川清子　一九八〇『女の民俗誌——そのけがれと神秘』東京書籍
関口裕子　一九八三「古代における女性差別」『歴史公論』97号
関根康正　一九九五『ケガレの人類学——南インド・ハリジャンの生活世界』東京大学出版会
平　雅行　一九九二「顕密仏教と女性」『日本中世の社会と仏教』塙書房

高取正男　一九七九『神道の成立』平凡社
高埜利彦　一九八九『近世日本の国家権力と宗教』東京大学出版会
高橋昌明　一九八七「境界の祭祀——酒吞童子説話の成立」『日本の社会史』第2巻、岩波書店
ダグラス，メアリ　一九八五『汚穢と禁忌』（塚本利明訳）思潮社。Douglas, Mary. *Purity and Danger: An Analysis of Concepts of Pollution and Taboo*, Routledge & Kegan Paul, London, 1966.
武田　正　一九九二『巫女へ行く』置賜民俗学会
武見李子　一九七七「日本における血盆経信仰について」『日本仏教』41号
谷川健一・西山やよい　一九八一『産屋の民俗——若狭湾における産屋の聞書』国書刊行会
田村圓澄　一九八〇「尼寺と法師寺」『古代朝鮮仏教と日本仏教』吉川弘文館
竺沙雅章　一九八九「中国における尼僧教団の成立と発展」『尼と尼寺』（シリーズ女性と仏教1）平凡社
千葉徳爾　一九六九「狩猟信仰としての諏訪神道」『狩猟伝承研究』風間書房
千葉徳爾　一九七五『狩猟伝承』法政大学出版局
千葉徳爾　一九八三『女房と山の神』堺屋図書
寺川真知夫　一九九六「密教の修法と説話——空海と丹生・高野明神と」『説話文学研究』31号

デュモン，ルイ　二〇〇一『ホモ・ヒエラルキクス——カースト体系とその意味』（田中雅一・渡辺公三訳）みすず書房。Dumont, Louis. *Homo Hierarchicus — Le Système des Castes et ses Implications*, Paris, Gallimard, 1966.

中野優子　一九九三「女性と仏教——仏教の血穢観と母性観」『宗教のなかの女性史』青弓社

永松　敦　一九九三『狩猟民俗と修験道』白水社

波平恵美子　一九八八『ケガレの構造』青土社

丹生谷哲一　一九八六『検非違使——中世のけがれと権力』平凡社

西口順子　一九八七『女の力——古代の女性と仏教』平凡社

西山良平　一九九〇「王朝都市と《女性の穢れ》」『日本女性生活史』1巻、東京大学出版会

萩原龍夫　一九八三『巫女と仏教史——熊野比丘尼の使命と展開』吉川弘文館

長谷川賢二　一九九一「修験道史のみかた・考え方——研究の成果と課題を中心に」『歴史科学』一二三号

早川孝太郎　一九七二『花祭（後篇）』（一九三〇）『早川孝太郎全集』第2巻、未来社

林　雅彦　一九八二『日本の絵解き——資料と研究』三弥井書店

林　雅彦　一九九五『穢土を厭ひて浄土へ参らむ——仏教文学論』名著出版

日野西眞定　一九八二「高野山の納骨信仰」『高野山発掘調査報告書』元興寺文化財研究所

日野西眞定　一九八九「高野山麓苅萱堂の発生と機能」『巫と女神』（女性と仏教4）、平凡社

日野西眞定　一九九二「高野山の女人禁制」（上）『説話文学研究』27号

日野西眞定　一九九三「高野山の女人禁制」（下）『説話文学研究』28号
広瀬　誠　一九七七「立山の御姥信仰」高瀬重雄編『白山・立山と北陸修験道』名著出版
福江　充　一九九八『立山信仰と立山曼荼羅』岩田書院
堀　一郎　一九八七「女人禁制」（一九五〇）『堀一郎著作集』第5巻、未来社
松岡秀明　一九八九「我が国における血盆経信仰についての一考察」『東京大学宗教学年報』6号
間中冨士子　一九七二「法華八講の和歌と勧学会」『国文学に摂取された仏教　上代・中古篇』文一出版
真鍋広済　一九六〇『地蔵菩薩の研究』三密堂書店
三橋　正　一九八九「『延喜式』穢規定と穢意識」『延喜式研究』2号
宮家　準　一九八八『大峰修験道の研究』春秋社
宮崎ふみ子　二〇〇〇「『富士の美と信仰』再考」『環』2号、藤原書店
宮田　登　一九七九『神の民俗誌』岩波書店
宮田　登　一九九六『ケガレの民俗誌――差別の文化的要因』人文書院
宮本袈裟雄・高松敬吉　一九九五『恐山』佼成出版社
村山修一　一九八一『日本陰陽道史総説』塙書房
柳田国男　一九九七a「立烏帽子考」（一九二八）『神を助けた話』再版（一九五〇）『柳田國男全集』第3巻、筑摩書房

柳田国男　一九九七b「姥神」『山島民譚集』（2）（一九六四）『柳田國男全集』第2巻、筑摩書房
柳田国男　一九九八a「老女化石譚」（一九一六）『妹の力』（一九四〇）『柳田國男全集』第11巻、筑摩書房
柳田国男　一九九八b「念仏水由来」（一九二〇）『妹の力』（一九四〇）『柳田國男全集』第11巻、筑摩書房
柳田国男　一九九八c「比丘尼石の話」（一九二三）『史料としての伝説』（一九四四）『柳田國男全集』第14巻、筑摩書房
柳田国男　一九九八d「大師講の由来」『日本神話伝説集』（一九二九）『柳田國男全集』第4巻、筑摩書房
柳田国男　一九九九a「巫女考」（一九一三）『柳田國男全集』第24巻、筑摩書房
柳田国男　一九九九b「耳の文学」（1）『祭日考』（一九四六）『柳田國男全集』第16巻、筑摩書房
山路興造　一九九三「祇園祭りの鉾と女性」『女性史学』3号
山田知子　一九九六『相撲の民俗史』東京書籍
山本ひろ子　一九九三「大神楽『浄土入り』」『変成譜――中世神仏習合の世界』春秋社
義江明子　一九九〇「古代の村の生活と女性」『日本女性生活史』1巻、東京大学出版会
義江明子　一九九六『日本古代の祭祀と女性』吉川弘文館

吉田一彦　一九八九「龍女の成仏」『救いと教え』（女性と仏教２）平凡社
脇田晴子　一九八二「中世における性別役割分担と女性観」『日本女性史』２巻、東京大学出版会
脇田晴子　一九九九『中世京都と祇園祭』中央公論新社

二十年の後に――学術文庫版あとがき

学問や研究は常に時代の影響を強く被っている。本書は、西暦二〇〇〇年（平成十二年）という区切りの年の役行者千三百年御遠忌に合わせて計画されていた大峯山の山上ヶ岳の「女人結界の解禁」の方針が覆り、女人禁制が継続された出来事に対応して執筆された。

修験三本山の醍醐寺・聖護院・金峯山寺は、平成八年（一九九六）八月以来三年間にわたる協議を重ねて意見を調整し、解禁直前まで漕ぎつけていた。しかし、流動的な状況下で、平成十一年（一九九九）八月一日に奈良県教職員組合の女性グループの山上ヶ岳への強行登山がなされ、その結果として地元・講・寺院は態度を硬化させ、それまで進んでいた解禁の計画は頓挫した。「固い貝の口が開いた」とまで形容された女人結界・女人禁制の問題解決は遠のいてしまったのである。

本書はこの一連の経過を契機にして女人禁制を再検討する意図で書かれた。原本の刊行後、修験三本山は協議の日誌を公開し（『新時代に向けた修験三本山の軌跡』国書刊行会、二〇〇三年）、女人結界撤廃の声明文の原案（平成九年（一九九七）十月三日付）を作成し、三年間にわたる二十四回の討議を積み重ねていたことが明らかになった。

その後、「紀伊山地の霊場と参詣道」の世界遺産登録にあたって、ふたたび山上ヶ岳の女人禁制が問題視された。平成十五年（二〇〇三）十二月には「『大峰山女人禁制』の開放を求める会」が設立され、平成十六年（二〇〇四）四月九日には一万二四一八筆の禁制開放を求める署名が内閣府等に提出された。他方、ユネスコ世界遺産センターの自然遺産・文化的景観担当チーフであったメシチルド・ロスラー（Mechtild Rössler）は、先例として男子修道院のあるギリシャのアトス山の例をあげて、地元の「伝統」を尊重すべきであり禁制が維持されても登録に問題はないと語った。天川村の遺産登録担当者の意見も「信仰の心が世界に認められて世界遺産に推薦」されたもので、「地域文化」を重視すべきだという意見であった。そして最終的には、平成十六年七月一日付で世界遺産への登録が認められた。しかし、事態はなお混迷を深めた。平成十七年（二〇〇五）十一月三日、「『大峰山』に登ろう実行委員会」のメンバー三十五人が洞川を訪問して、地元の人々との話し合いがもたれたのだが、その決裂直後に、同委員会の女性メンバー三人が強行登山を決行したのである。これにより、女人結界の維持派と開放派の溝はいっそう深まった。そして現在に至るまで女人禁制は維持されている。このように、強硬的な手段は解決をもたらさず、事態をいたずらに紛糾させるだけである。当事者に寄り添って、異なる意見を許容し、歴史や文脈を考慮した和解へと導くことこそが解決への道である。

近年、女人禁制に関して大きな社会的関心を呼んだのは、平成三十年（二〇一八）四月四日に、大相撲の舞鶴での春の地方巡業での一件についてである。舞鶴市長が土俵上で挨拶中に発作を起こして倒れた際、救命のために土俵に上がった医療従事者の女性に対して、「土俵から降りて」の場内放送が流れ、生死に関わる時に女人禁制とは何事かと大々的な批判が繰り広げられた。この出来事をきっかけに、女人禁制に関してテレビ・新聞・インターネット・ラジオなどでの議論が巻き起こり、筆者のもとにも海外を含むマスコミから取材が殺到し対応を迫られた。それらの準備のために、過去の文献にあたり理論的な整理をするなど多くの時間を費やした。記事は確認はとったが取材者により加工されたうえで発表されることもあり、結果として正確な発信をすることができなかった。

土俵の女人禁制に関しては、間歇的に何度か問題視されながらも、日本相撲協会は伝統を守って維持し続けるという主張を繰り返してきた。女人禁制の考察にあたっては、伝統とは何かという問いにも答えなければならない。そこで、相撲の女人禁制で焦点となる土俵に関して、その起源を探り、土俵祭の発生と展開と意味づけを考察した。その結果、大相撲は近代に大きく変質し、特に国技館の成立は大きな影響を及ぼし、表彰式をはじめ「近代の儀式」を創り出し現在に至ることが明確になった。「創られた伝統」の集積が現在の大相撲であり、「国技」となってナショナリズムと同調し、天皇との繫がりを次第に強化して権威を高めてきた過程もわかってきた。

本書原本の刊行からの二十年間にも、マスコミやフェミニストは各地に残る「女人禁制」の場所や、祭りなどに女性参加を制限する慣行に対して、「女性差別だ」「人権侵害だ」と批判し続け、劣勢に追い込まれながらも慣行や習俗を守る側は「伝統だ」として維持を貫いてきた。この構図は今後も継続することが予想される。

「伝統」は女人禁制の維持派にとって、伝家の宝刀のような役割を果たしてきた。曖昧模糊たるこの概念は、どこかに不変のものがあると想起させる傾向が強い。しかし、現実に語られている言説は多分に近代において創出されたものであり、伝統の再構築によって維持されてきた。ゆえに、「伝統とは何か」という問いに答えることは難しい。近代の対抗言説として構築された「伝統」という見方を前提として、過去と現在が交錯する中での「伝統」の再創造について、歴史的な考察を行う必要がある。

筆者は、「相撲の女人禁制論」に終止符を打つ方策を提示し、「伝統」に再考を迫るために、二〇二一年に『女人禁制の人類学――相撲・穢れ・ジェンダー』（法藏館）を刊行した。これは本書の続編でもあり、社会の関心に合わせて女人禁制が抱える問題に答えるべく、本書とは異なる方向性からアプローチした。同書では、近年のジェンダー研究の動向を入れ込み、山岳信仰だけでなく、大相撲の土俵の女人禁制や、穢れの概念を多角的に論じ、差別か伝統かの二元的対立を解消すべく、いくつかの提案を試みた。また、不完全な情報に基づく誤解や過剰な拡大解釈が広がっていたので、歴史的な経緯や出典を網羅的に整理して情報源を示し、論拠を明確にした。女人禁制に関する研究はこれで一区切りである。本書『女人禁制』が基礎編とすれば、『女人禁制の人類学』は応用編である。あわせてお読みいただければ幸甚である。

デジタル社会の本格的な到来で意見の多様性が消去され、諾か否か、賛成か反対かという極端な選択が迫られる傾向が強まった。女人禁制に関しても同様であるが、それでよいのだろうか。複雑性や当事者の立場の尊重がいっそう求められる時代になったと感じている。

新型コロナ・ウイルス（COVID-19）の蔓延で、感染者を穢れとして排除し、差別・隔離する現象が起こった。女人禁制の中核概念の穢れは、姿を変えて現代に蘇ったともいえる。

本書は女人禁制という主題を設けながらも、差別・排除・人権・ジェンダー・伝統など近代以降に構築されてきた諸概念に再考を迫るという大きな課題を併せもつ。女性差別として糾弾されかねない論題を敢えて正面に据えることで、人間の感情・身体・認識・思想などに関わる根源的な問題提起を行って、今後の人間の生き方を考え直すことも意図した。

女人禁制の議論は終りがない。本書は今後も継続されると予想される女人禁制の議論を考える上での基本的な視点を取り込んだ一般書であり、学術文庫として多くの人々の目に触れることは著者の望外の喜びである。ここ二十年間でネット環境が整備され、デジタル・アーカイブの利用も容易になり、文庫化にあたっては正確な引用や修正を施すことができた。厳格な校正を施してくださった講談社校閲部と旧版に目を止められた講談社学術文庫の青山遊氏に厚く感謝申し上げたい。

令和四年（二〇二二）正月十五日

鈴木正崇

本書の原本は、二〇〇二年に吉川弘文館より刊行されました。

本文中に引用する資料中に、差別的な表現、語句が存在します。これは本書の主題および論述のうえで必要不可避のものであり、また、差別を助長することにはなり得ないと判断し、そのまま掲載することとしました。

鈴木正崇（すずき　まさたか）

1949年，東京都に生まれる。慶應義塾大学大学院博士課程修了。慶應義塾大学名誉教授。専攻は文化人類学，民俗学，宗教学。博士（文学）。主な著書に，『山と神と人』『神と仏の民俗』『祭祀と空間のコスモロジー』『山岳信仰』『熊野と神楽』『女人禁制の人類学』など。

講談社学術文庫

定価はカバーに表示してあります。

女人禁制《にょにんきんせい》

鈴《すず》木《き》正崇《まさたか》

2022年４月12日　第１刷発行

発行者　鈴木章一

発行所　株式会社講談社

東京都文京区音羽 2-12-21 〒112-8001

電話　編集（03）5395-3512

販売（03）5395-4415

業務（03）5395-3615

装　幀　蟹江征治

印　刷　株式会社ＫＰＳプロダクツ

製　本　株式会社国宝社

本文データ制作　講談社デジタル製作

ISBN978-4-06-527711-9

「講談社学術文庫」の刊行に当たって

これは、学術をポケットに入れることをモットーとして生まれた文庫である。学術は少年の心を養い、成年の心を満たす。その学術がポケットにはいる形で、万人のものになることは、生涯教育をうたう現代の理想である。

こうした考え方は、学術を巨大な城のように見る世間の常識に反するかもしれない。また、一部の人たちからは、学術の権威をおとすものと非難されるかもしれない。しかし、それはいずれも学術の新しい在り方を解しないものといわざるをえない。

学術は、まず魔術への挑戦から始まった。やがて、いわゆる常識をつぎつぎに改めていった。学術の権威は、幾百年、幾千年にわたる、苦しい戦いの成果である。こうしてきずきあげられた城が、一見して近づきがたいものにうつるのは、そのためである。しかし、学術の権威を、その形の上だけで判断してはならない。その生成のあとをかえりみれば、その根は常に人々の生活の中にあった。学術が大きな力たりうるのはそのためであって、生活をはなれた学術は、どこにもない。

開かれた社会といわれる現代にとって、これはまったく自明である。生活と学術との間に、もし距離があるとすれば、何をおいてもこれを埋めねばならない。もしこの距離が形の上の迷信からきているとすれば、その迷信をうち破らねばならぬ。

学術文庫は、内外の迷信を打破し、学術のために新しい天地をひらく意図をもって生まれた。文庫という小さい形と、学術という壮大な城とが、完全に両立するためには、なおいくらかの時を必要とするであろう。しかし、学術をポケットにした社会が、人間の生活にとってより豊かな社会であることは、たしかである。そうした社会の実現のために、文庫の世界に新しいジャンルを加えることができれば幸いである。

一九七六年六月　　野間省一

文化人類学・民俗学

山折哲雄著

仏教民俗学

日本の仏教と民俗は不即不離の関係にある。日本人の生活習慣や行事、民間信仰などを考察しながら、民衆に育まれてきた日本仏教の独自性と日本文化の特徴を説く。仏教と民俗の接点に日本人の心を見いだす書。

1085

宮本常一著（解説・神崎宣武）

民俗学の旅

著者の身内に深く刻まれた幼少時の生活体験と故郷の風光、そして柳田國男や渋沢敬三ら優れた師友の回想など生涯にわたり歩きつづけた一民俗学徒の実践的踏査の書。宮本民俗学を育んだ庶民文化探求の旅の記録。

1104

小松和彦著（解説・佐々木宏幹）

憑霊《ひょうれい》信仰論

日本人の心の奥底に潜む神と人と妖怪の宇宙。闇の歴史の中にうごめく妖怪や邪神たち。人間のもつ邪悪な精神領域へ踏みこみ、憑霊という宗教現象の概念と行為の体系を介して民衆の精神構造＝宇宙観を明示する。

1115

吉野裕子著（解説・村上光彦）

蛇　日本の蛇信仰

古代日本人の蛇への強烈な信仰を解き明かす。注連縄・鏡餅・案山子は蛇の象徴物。日本各地の祭祀と伝承に鋭利なメスを加え、洗練と象徴の中にその跡を隠し永続する蛇信仰の実態を、大胆かつ明晰に論証する。

1378

筑紫申真著（解説・青木周平）

アマテラスの誕生

皇祖神は持統天皇をモデルに創出された！　壬申の乱を契機に登場する伊勢神宮とアマテラス。天皇制の宗教的背景となる両者の生成過程を、民俗学と日本神話研究の成果を用いダイナミックに描き出す意欲作。

1545

赤坂憲雄著（解説・小松和彦）

境界の発生

現今、薄れつつある境界の意味を深く論究。生と死、昼と夜などを分かつ境はいまや曖昧模糊。浄土や地獄も消え、生の手応えも稀薄。文化や歴史の昏がりに埋もれた境界の風景を掘り起こし、その意味を探る。

1549

文化人類学・民俗学

吉田敦彦著
日本神話の源流
日本文化は「吹溜まりの文化」である。大陸、南方諸島、北方の三方向から日本に移住した民族、伝播した文化がこの精神風土を作り上げた。世界各地の神話と日本神話を比較して、その混淆の過程を探究する。

1820

小松和彦著
日本妖怪異聞録
妖怪は山ではなく、人間の心の中に棲息している。滅ぼされた民と神が、鬼になった。酒呑童子、妖狐、天狗、魔王・崇徳上皇、鬼女、大嶽丸、つくも神……。日本文化史の裏で蠢いた魔物たちに託された闇とは？

1830

吉野裕子著
山の神　易・五行と日本の原始蛇信仰
蛇と猪。なぜ山の神はふたつの異なる神格を持つのか？神島の「ゲーターサイ」、熊野・八木山の「笑い祭り」などの祭りや習俗を渉猟し、山の神にこめられた意味と様々な要素が絡み合う日本の精神風土を読み解く。

1887

波平恵美子著
ケガレ
日本人の民間信仰に深く浸透していた「不浄」の観念とは？　死＝黒不浄、出産・月経＝赤不浄、罪や病等、さまざまな民俗事例に現れたケガレ観念の諸相を丹念に追い、信仰行為の背後にあるものを解明する。

1957

B・マリノフスキ著／増田義郎訳（解説・中沢新一）
西太平洋の遠洋航海者
メラネシアのニュー・ギニア諸島における、住民たちの事業と冒険の報告

物々交換とはまったく異なる原理でうごく未開社会のクラ交易。それは魔術であり、芸術であり、人生の冒険である。原始経済の意味を問い直し、「贈与する人」の知恵を探求する人類学の記念碑的名著！

1985

J・G・フレーザー著／吉岡晶子訳／M・ダグラス監修／S・マコーマック編集
図説　金枝篇（上）（下）
イタリアのネミ村の「祭司殺し」と「聖なる樹」の謎を解明すべく四十年を費して著された全13巻のエッセンス。民族学の必読書であり、難解さでも知られるこの書を、二人の人類学者が編集した［図説・簡約版］。

2047・2048